AF365961

SECTION FRANÇAISE

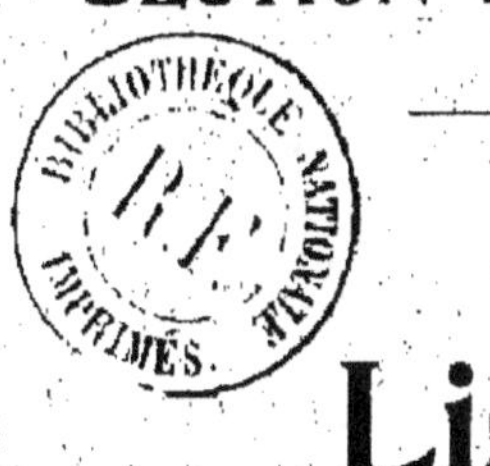

Liste

DES RÉCOMPENSES

Exposants

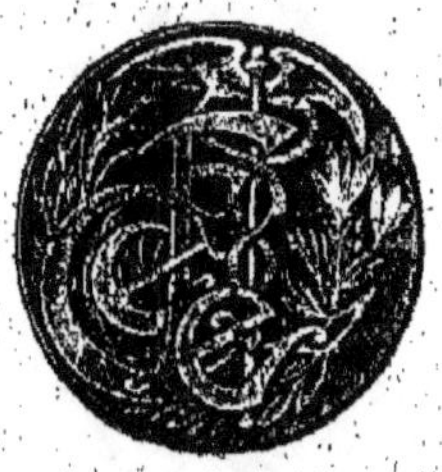

COMITÉ FRANÇAIS DES EXPOSITIONS A L'ÉTRANGER

Reconnu comme établissement d'utilité publique

42, rue du Louvre, Paris

Prix : 2 francs

Exposition Franco=Britannique de Londres 1908

SECTION FRANÇAISE

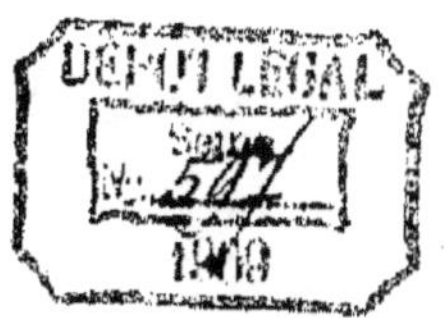

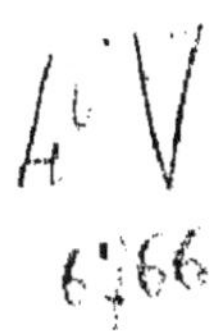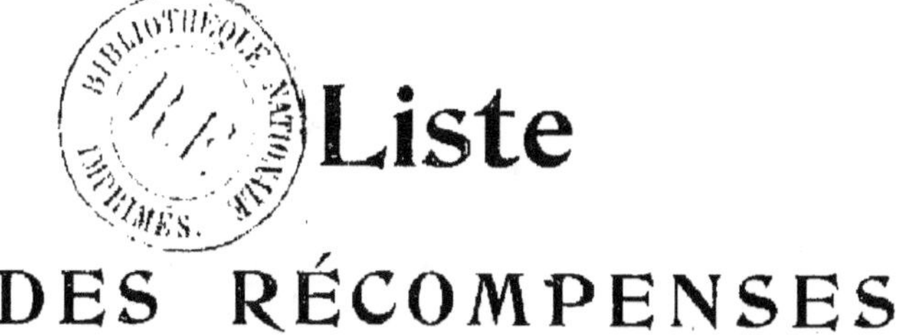

Liste
DES RÉCOMPENSES

PRÉCÉDÉE

DE LA LISTE DES MEMBRES DU JURY SUPÉRIEUR

ET DES

JURYS DE GROUPES ET DE CLASSES

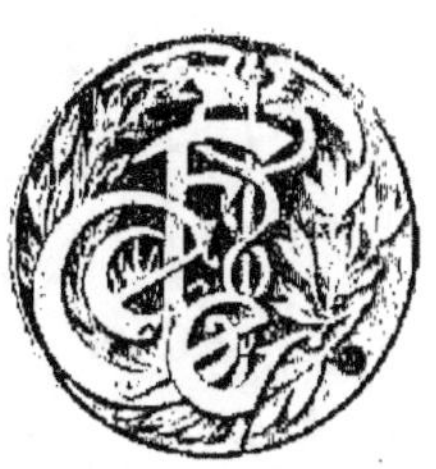

COMITÉ FRANÇAIS DES EXPOSITIONS A L'ÉTRANGER

Reconnu comme Établissement d'utilité publique

42, rue du Louvre, Paris

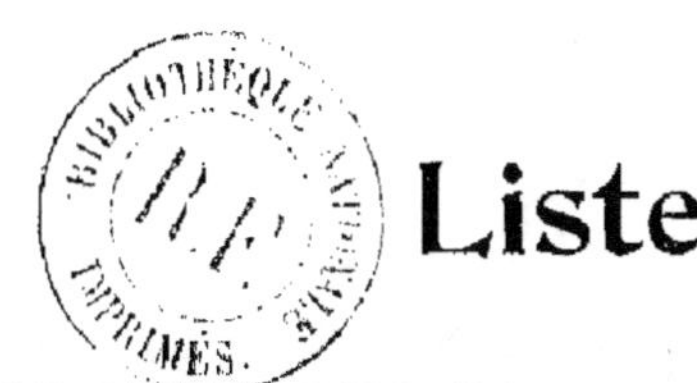

Liste

DES MEMBRES DU JURY SUPÉRIEUR

ET DES

JURYS DE GROUPES ET DE CLASSES

EXPOSITION FRANCO=BRITANNIQUE DE LONDRES - 1908

JURY SUPÉRIEUR

<table>
<tr><td>

ANGLETERRE

Président :

Lord ALVERSTONE, Lord-chief-justice of England.

1er Vice-Président :

Viscount SELBY.

2e Vice-Président :

Lord BLYTH.

Membres :

Sir FLETCHER MOULTON, Lord-justice.
Sir John A. COCKBURN.
M. Imre KIRALFY, Commissioner General.
Lord WELBY, Earl of Jersey.
Sir NORMAN LOCKYER.
Sir William MATHER.
Sir William WHITE.
Sir Henry TRUEMAN WOOD.
Sir BOVERTON REDWOOD.

</td><td>

FRANCE

1er Vice-Président :

M. Émile DUPONT, sénateur.

2e Vice-Président :

M. Victor LOURTIES, vice-président du Sénat.

Membres :

MM. Alphonse PINARD.
Albert VIGER, sénateur.
SAINT-GERMAIN, sénateur.
GABELLE, directeur au Ministère du Commerce.
Jules HETZEL.
G.-Roger SANDOZ.
Gustave KESTER.
Charles JEANSELME.
Abel CHATENAY.
J.-L. BRUNET.
Georges SCHWOB.

</td></tr>
</table>

SECRÉTAIRES :

<table>
<tr><td>

Angleterre

M. Charles KIRALFY
Adjoint au Commissaire Général.

</td><td>

France

M. Maurice ESTIEU
Délégué général de la Section Française

</td></tr>
</table>

JURYS de GROUPES et de CLASSES

GROUPE I

Éducation et Enseignement.

CLASSES 1 A 5

Enseignement public.

Membre : M. FRIEDEL (V.-H.), Paris.

CLASSE 6

Enseignement général, industriel et commercial.

Président : M. GADELLE, Paris. — P. G.
Secrétaire : M. DEBERLE (Paul), Paris. — S. G.
Membres : MM. KLEIN, Paris. — R. G.
    PARIS, Paris.
    LABBÉ, Lille.
    MASSENET, Paris.
    VIGNERON (Mlle), Paris.
    CORRE, Lille.
    CHARABOT, Paris.

GROUPE III-A

Typographie. — Librairie.

CLASSE 11

Typographie. — Impressions diverses.

Vice-Président : M. HERISSEY (C.), Évreux.
Secrétaire-Rapporteur-Expert : M. LORTAT-JACOB, Paris.
Membres : MM. RENOUARD (Ph.), Paris.
    WEIL (N.), Paris.
    PICHOT (H.), Paris.

Les lettres, placées à la suite de certains noms, signifient que le juré est, en outre :
P. G. — *Président de jury de groupe.*
V. P. G. — *Vice-Président de jury de groupe.*
S. G. — *Secrétaire de jury de groupe.*
R. G. — *Rapporteur de jury de groupe.*
S. R. G. — *Secrétaire-Rapporteur de jury de groupe.*

CLASSES 13-14

Librairie. — Éditions musicales. — Reliures. — Journaux. — Affiches. — Cartes et Appareils de géographie et de cosmographie. — Topographie.

Président : M. FOURET (R.), Paris. — P. G.
Secrétaire-Rapporteur : M. TERQUEM (E.), Paris.
Membres : MM. GILLON (P.), Paris.
    CHEVALIER (P.-E.), Paris.
    BARRÈRE (H.), Paris.
    JONES (J.), Paris.
    NALÈCHE (de), Paris.
    BASCHET (R.), Paris.
    LE VASSEUR (P.), Paris.
    GLEIZE (J.), Paris.
    MICHAUD (L.), Reims.
    VERMOT (M.), Paris.
    BERGAUD, Paris.

GROUPE III-B

Photographie. — Instruments de Musique.

CLASSE 12

Photographie.

Président : M. NADAR (P.), Paris. — P. G.
Secrétaire : M. GERSCHEL (C.), Paris. — S. G.
Rapporteur : M. MENDEL (G.), Paris.
Membres : MM. OTTO, Paris.
    JOUGLA (J.), Paris.
    GUILLEMINOT (R.), Paris.
    VALLOIS (E.), Paris.

CLASSE 17

Instruments de musique.

Président : M. BURGASSER (L.), Paris. — V. P. G.
Secrétaire-Rapporteur : M. CARESSA (A.), Paris.
Membre : M. SCHAEFFER (E.), Mantes.

GROUPE IV

Matériel et Procédés généraux de la Mécanique.

CLASSE 19

Machines à vapeur.

Président et Rapporteur général : M. Dugé de Bernonville, Paris. — R. G.
Secrétaire : M. Stofft (A.), Paris.
Membre : M. Sosnowski (K.), Paris.

CLASSE 20

Machines motrices diverses.

Vice-Président : M. Establie (Paul), Paris. — V. P. G.
Secrétaire-Rapporteur : M. Mera (Ernest), Paris. — S. R. G.

CLASSE 21

Appareils divers de la Mécanique générale.

Vice-Président : M. Michel (C.), Paris.
Membre : M. Eissen-Piat (M.), Paris.

CLASSE 22

Machines-outils.

Vice-Président : M. Lapipe (H.), Paris.

CLASSE 22 *bis*

Matériel de guerre et Construction navale.

Vice-Président-Rapporteur : M. Pinot (R.), Paris.
Membre : M. Honnorat, Paris.

GROUPE V (*)

Électricité. — Télégraphie. — Téléphonie.

Rapporteur général du Groupe : M. Roux (Gaston), Paris.

CLASSE 23

Production et utilisation mécanique de l'électricité.

Vice-Président : M. Rey (J.), Paris.
Secrétaire-Expert-Rapporteur : M. Debauge (H.), Paris.
Membre : M. Regnault (C.), Paris. — S. G.

(*) Le Rapport général du Groupe V a été confié à M. Gaston Roux, secondé par MM. Félix Pellin (cl. 15), Charles Regnault (cl. 23), André Iung (cl. 24), Paul Turenne (cl. 25), Albert Meyer-May (cl. 26), Jules Montpellier (cl. 27).

CLASSE 24

Électrochimie.

Président : M. Remond (A.), Paris. — P. G.
Secrétaire-Expert-Rapporteur : M. Leclanché (M.), Paris.
Membre : M. Gin (G.), Paris.

CLASSE 25

Éclairage électrique.

Vice-Président : M. Cance (Alexis), Paris.
Secrétaire-Expert-Rapporteur : M. Michel (A.), Paris.
Membre : M. Meyer (M.), Paris.
Expert-Rapporteur général : M. Roux (Gaston), Paris.

CLASSE 26

Télégraphie et Téléphonie.

Président : M. Grivolas (C.), Saint-Cloud.
Membre : M. Darras (A.), Paris.
Expert-Rapporteur : M. Courtant (A.), Paris.

CLASSE 27

Applications diverses de l'électricité.

Président : M. Ducretet (E.), Paris.
Secrétaire-Expert-Rapporteur : Dr Renault, Paris.
Membre : M. Baignères (F.), Paris.

CLASSE 15

Instruments de précision et d'optique.

Vice-Président : M. Baille-Lemaire (J.-L.), Paris.
Secrétaire-Expert-Rapporteur : M. Boyelle-Morin (G.), Paris.
Membres : MM. Collot (A.), Paris.
LEQUEUX (P.), Paris.

GROUPE VI-A

Génie civil et Travaux publics.

CLASSE 28

Matériaux, matériel et procédés du Génie civil.

Président : M. Moreau (A.), Paris. — P. G.
Membre : M. Lièvre (H.), Paris.
Expert-Rapporteur : M. Hersent (Georges), Paris.

CLASSE 29

Modèles, plans et dessins de travaux publics.

Vice-Président : M. BAUDET (L.), Paris. — V. P. G.
Membre : M. FOURCHOTTE (M.), Paris.
Expert-Rapporteur : M. HERSENT (Georges), Paris.

GROUPE VI-B

Carrosserie. — Automobiles. — Sellerie.

CLASSES 30 ET 31

*Carrosserie et charronnage. — Automobiles
et cycles. — Sellerie et bourrellerie.*

Président : M. CHAPELLE (C.), Paris.
Secrétaire : M. RODRIGUES-ÉLY (C.), Paris. — V. P. G.
Membres : MM. RICHARD (G.), Puteaux.
    KELLNER (P.), Paris.
    BOUDEVILLE (R.), Londres.
Expert-Rapporteur : M. POTRON (E.), Paris.

GROUPE VI-C

Matériel des Chemins de fer
et de la Navigation.

CLASSE 32

Matériel des chemins de fer et tramways.

Président : M. CHEVALIER (H.), Paris. — P. G.
Secrétaire-Rapporteur-Expert : M. SARTIAUX (Félix).
    Paris. — S. G.
Membres : MM. SIRE, Londres.
    WEYL (M.), Paris.
    LEVY-CAEN (G.), Londres.
    MOURET, Nîmes.

CLASSE 33

Matériel de la navigation de commerce.

Président : M. JEANSELME (Charles), Paris.

CLASSE 34

Aérostation.

Président : Cte H. DE LA VAUX, Paris.
Rapporteur : M. BESANÇON (G.), Paris.
Secrétaire-Rapporteur adjoint : Capitaine FERBER,
    Paris.
Membre : M. MALLET (M.), Puteaux.

GROUPE VII

Agriculture.

Rapporteur général du groupe : M. VOITELLIER, Paris.

CLASSE 35

Matériel et procédés des exploitations rurales.

Vice-Président : M. MAROT (E.), Niort (Deux-Sèvres).
Secrétaire : M. VIDAL-BEAUME, Boulogne-sur-Seine.
Rapporteur : M. KRIEG, Montrouge (Seine).
Membres : MM. PUZENAT fils, Bourbon-Lancy (Saône-
    et-Loire).
    GUICHARD, Lieusaint (Seine-et-Marne)

CLASSE 36

Matériel et procédés de la viticulture.

Président : M. SIMONETON, Paris.
Vice-Président : M. PECARD-MABILLE, Amboise.
Secrétaire-Rapporteur : M. BARHOU, Paris.

CLASSE 37

Matériel et procédés des industries agricoles.

Président : M. VOITELLIER, Paris. — R. G.
Vice-Président : M. SIMON jeune, Cherbourg.

CLASSE 38

*Enseignement agricole. — Agronomie.
Statistique agricole.*

Président : M. BERGE (R.), Paris. — S. G.
Vice-Président : M. BARRE (DE LA), Paris.
Membre : M. SAGNIER, Paris.

CLASSE 39

*Produits agricoles alimentaires
d'origine végétale.*

Vice-Président : M. HIRSCH (A.), Paris.
Secrétaire : M. WEILL (C.), Paris.
Membre : M. CHAPELLE, Marseille.

CLASSE 40

*Produits agricoles alimentaires
d'origine animale.*

Président : M. CABARET, Paris. — P. G.
Secrétaire : M. MOUSSU, Paris.
Rapporteur : M. RUPERT (C.), Vignory (Haute-Marne).
Membre : M. DORNIC, Surgères (Charente-Inférieure).

CLASSES 41 ET 54 RÉUNIES

Produits agricoles non alimentaires.
Engins, instruments et produits de cueillettes.

Président : M. GALIBERT-FERRET, Mazamet (Tarn).
Membres : MM. DABAT, Paris.
    COUTURIEUX, Paris.
    PERROT, Paris.
    GRELLOU, Paris.
    LANZI, Ajaccio (Corse).
    FRANCHOMME, Marcq-en-Baroeul-lès-
    Lille (Nord).
    TROUETTE (E.), Paris.
Expert : M. MIDY, Paris.

CLASSE 42

Insectes utiles et leurs produits.
Insectes nuisibles.

Président : M. LAURENT-OPIN (E.), Laon.
Secrétaire-Rapporteur : M. CLÉMENT (A.-L.), Paris.

GROUPE VIII

Horticulture et Arboriculture.

Rapporteur général du groupe : M. CAYEUX, Paris.

CLASSE 43

Matériel et procédés de l'horticulture
et de l'arboriculture.

Président : M. CHATENAY (A.), Vitry (Seine). — V.P.G.
Membre : M. MÉRY-PICARD, Paris.

CLASSE 44

Section horticole.

Président : M. CAYEUX, Paris. — S. G. — R. G.

CLASSE 45

Arbres fruitiers.

Président : M. NOMBLOT-BRUNEAU, Bourg-la-Reine
(Seine).
Membre : M. PINGUET-GUINDON, La Tranchée, près
Tours.

CLASSE 46

Arbres, Arbustes, Plantes et Fleurs d'ornement.

Vice-Président : M. VACHEROT, Billancourt (Seine).
Membre : M. NONIN, Chatillon-sous-Bagneux (Seine).

CLASSE 48

Graines. — Semences de l'horticulture.

Vice-Président : M. GRAVEREAU, Neauphle-le-Château
(Seine-et-Oise).
Membre : M. DENAIFFE, Carignan (Ardennes).

CLASSE 49

Matériel et procédés des exploitations
et des industries forestières.

Président : M. PIERRAIN (C.), Paris.
Secrétaire-Rapporteur : M. BENEX (Albert), Ivry-Port
(Seine).

GROUPE IX

Forêts et Chasse.

CLASSE 50

Produits des exploitations et des industries
forestières.

Président : M. POUPINEL (P.), Paris. — P. G.
Secrétaire-Rapporteur : M. HOLLANDE (J.), Paris.
Membre : M. RACHET (G.), Paris.

CLASSE 51

Matériel de chasse.

Président : M. MIMARD (E.), Paris.
Secrétaire-Rapporteur : M. CHOBERT (J.), Paris.
Membres : MM. RIÉGER (H.), Paris.
    DARNE (R.), Paris.
    BERTHON, Saint-Étienne (Loire).

GROUPE IX-A

Aquiculture et Pêche.

CLASSE 53

Engins, instruments et produits de la pêche.
Aquiculture.

Président : M. LEPRINCE (Dr M.), Paris.
Secrétaire-Rapporteur : M. CAILL, Paris. — S. G.
Secrétaire-Rapporteur-Expert : M. BLANCHARD, Paris.
Membres : MM. PAISSEAU (E.), Paris.
    PÉRARD (J.), Paris.
    RANOVITZ (G.-A.), Paris.
    TREFEU, Paris.
    LIGNEAU DE SÉRÉVILLE, Saint-Just-
    en-Chaussée.

GROUPE X-A

Alimentation solide.

CLASSE 55

Matériel et procédés des industries alimentaires.

Président : M. SAVY (A.-H.), Paris.
Secrétaire : M. DURAMONT (V.), Paris. — S. G.
Secrétaire-Rapporteur : M. BONET (A.), Paris.
Expert : M. MARTINE (G.-G.), Lille.

CLASSE 56

Produits farineux et leurs dérivés.

Président : M. FERRAND (F.), Lyon.
Secrétaire-Rapporteur : M. VIRAT (G.), Paris.

CLASSE 57

Produits de la boulangerie et de la pâtisserie.

Président : M. RICHARD (G.), Dijon.
Secrétaire : M. ESTIEU (J.), Courbevoie.
Secrétaire-Rapporteur-Expert : M. VIRAT (G.), Paris.

CLASSE 58

*Conserves de viandes, de poissons,
de légumes et de fruits.*

Président : M. PREVET (J.), Paris. — P. G.
Secrétaire : M. CAHEN (J.), Paris.
Membre : M. BAYLE (C.), Bordeaux.
Expert-Rapporteur : M. CHEVALLIER-APPERT (R.), Paris.
Expert : M. RAYNAL (H.), Capdenac (Aveyron).

CLASSE 59

*Sucres et produits de la confiserie
Condiments et stimulants.*

Vice-Président : M. POTIN (J.), Paris.
Secrétaire-Rapporteur : M. DUFRESNE (C.), Paris.
Membres : MM. MIGNOT, Reims.
    NÈGRE (J.), Grasse.
    GÉRARD (L.), Paris.
Experts : MM. TERNYNCK (E.), Chauny.
    BEAUVAIS (A.), Paris.

GROUPE X-B

Alimentation liquide.

CLASSE 60

Vins et Eaux-de-vie de vin.

Président :
    M. MANDEIX (André), Le Havre (Seine-Infér.).
Vice-Présidents :
    MM. GUESTIER (Daniel), Bordeaux (Gironde).
        LEENHARD-POMMIER, Montpellier (Hérault).
Rapporteur général :
    M. CHARTON (Claude), Beaune (Côte-d'Or).
Rapporteur général adjoint :
    M. DESMOULINS, Paris.
Rapporteurs de Jury de Section :
    MM. MICHEL (Félix), Montpellier (Hérault).
        MORINERIE (Raymond de la), Reims (Marne).
        SCHYLER (Alfred), Bordeaux (Gironde).
        VIVIER, Cognac (Charente).
        MOMMESSIN (Jean), Charnay-les-Mâcon
        (Saône-et-Loire).
Secrétaires de Jury de Section :
    MM. MEYNIAC, Bordeaux (Gironde).
        UZAC (Armand), Bordeaux (Gironde).
        BUHAN fils, Bordeaux (Gironde).
        CHOUNON, Meursault (Côte-d'Or)
        MEYER, Saumur (Maine-et-Loire).
        ROGÉE-FROMY, Saint-Jean-d'Angély (Cha-
        rente-Inférieure).
Secrétaires-adjoints de Jury de Section :
    MM. BLANLOT, Beaune (Côte-d'Or).
        DONAT (Raoul), Bordeaux.
        LHOTE (S.) fils, Dijon (Côte-d'Or).
        BASTIDE-VESSIER (C.), Aigues-Vives (Gard).
        MARTIN (René), Joinville-le-Pont (Seine).
        PETIT (P.), à Auxerre (Yonne).
Membres : MM. BORD (Georges), Loupiac (Gironde).
        BOUTELLEAU (G.), Barbézieux (Cha-
        rente).
        CALVET (Jean), Bordeaux (Gironde).
        CHANUT (Dr), Vosne-Romanée (Côte-
        d'Or).
        CHANDON (Raoul), Épernay (Marne).
        DELCOUS, Paris.
        DUMONT (Ch.), Dijon (Côte-d'Or).
        GÉRALD (Geo.), Paris.
        GIRARD-AMIOT (Alex.), Saumur
        (Maine-et-Loire).
        GOULET (E.), à Paris.
        GUILLET, Saintes (Charente-Infér.).
        HAVY (Alfred), Charenton (Seine).
        HEIDSIECK (Charles), Reims (Marne).

Membres du Jury de la classe 60 (suite). MM. HENNESSY (James), Cognac (Charente).
HINE (Th.), Jarnac (Charente).
JACOULOT (Vincent), Romanèche-Thorins (Saône-et-Loire).
JOHNSTON (Raoul), Bordeaux (Gironde).
KARRER (Émile), Saint-Denis (Seine).
KESTER (Gustave), Paris.
LARDET, Mâcon (Saône-et-Loire).
LIGNON (Achille), Lyon.
LULING (Dr), Reims.
LUR-SALUCES (comte DE), Sauternes (Gironde).
MALAQUIN, Paris.
MARTELL (Édouard), Cognac (Charente).
MAUVIGNEY (Jérôme), Bordeaux (Gironde).
MAXWELL (James), Bordeaux (Gironde).
MESTREZAT (Guill.), Bordeaux (Gironde).
OTARD (baron), Cognac (Charente).
PASSEMARD, St-Émilion (Gironde).
PROUST, Paris.
SABOT (Albert), Paris.
SOBALLE (L.), Pont-Sainte-Maxence (Oise).
TABERNE (Franck), château de Clapiers (Hérault).
TURPIN (Henry), Rouen (Seine-Inférieure).
VERNEUIL, Gémozac-Cozes (Charente-Inférieure).
VERT (Baptiste), Jarnac (Charente).
ALLEAU, Paris.
BARY (Louis DE), Reims (Marne).
BEAUMONT (Ch. DE), Pauillac (Gironde).
BERNEX (L.), Bordeaux (Gironde).
DESMARQUEST (Jean), Romanèche-Thorins (Saône-et-Loire).
DUBREUIL, Gradignan (Gironde).
DUMAS (Francisque), Villefranche-sur-Saône (Rhône).
FOUGERAT (Jean), Levallois-Perret (Seine).
HANIER fils, Paris.
HUET (Stanis.), Libourne (Gironde).
LARUE (Auguste), Paris.
LEMÉTAIS, Fécamp (Seine-Infér.).
PERRIER (G.), Châlons-sur-Marne (Marne).
PICQ, Libourne (Gironde).
ROOS, Montpellier (Hérault).
SARRAZIN, Dijon (Côte-d'Or).
VITOU (Henri-Clovis), Paris.

Experts : MM. BLANCHET (Charles), Beauvais (Oise).
BRUNET (Raymond), Paris.
CABOT, Paris-Bercy.
CHAPUIS, Dijon (Côte-d'Or).
COLLOMBET, Dracy-le-Fort (Saône-et-Loire).
COUTURAT, Paris (Bercy).
DAMADE, Bordeaux (Gironde).
DUQUESNAY, Lille (Nord).
GIOVETTI, Bordeaux (Gironde).
GOURDAULT, Paris (Bercy).
LAWTON, Bordeaux (Gironde).
LEQUEUX (Alfred), Châlons-sur-Marne (Marne).
LUNARET (de), Montpellier (Hérault).
LUNG, Bordeaux (Gironde).
MINVIELLE (Michel), Bordeaux (Gironde).
PARDON (J.), Paris.
RAMELOT, Le Havre (Seine-Infér.).
RICARD (Marcel), Léognan (Gironde).
ROCQUES (X.), Paris.
SENGÈS, Bordeaux (Gironde).
VIGNES, à Narbonne (Aude).

CLASSE 64

Sirops et liqueurs, spiritueux divers. Alcools d'industrie.

Président :
M. BARDIN (Louis), Paris.

Vice-Président :
M. LAMBERT (Ernest), Neuilly-sur-Seine (Seine).

Secrétaires :
MM. BERTRAND-TAQUET (Alfred), Paris.
ROCHER (Fernand), la Côte-Saint-André (Isère).

Rapporteur du Jury de Section :
M. COINTREAU, Angers (Maine-et-Loire).

Membres : MM. BRUNIER (Étienne), Lyon (Rhône).
CUSENIER (Charles), Paris.
DUMAS-FILLION, Lyon (Rhône).
GIROTIN (Maison Marie Brizard et Roger), Bordeaux (Gironde).
PEUREUX (Auguste), Fougerolles (Haute-Saône).
VIOLET (Lambert), Thuir (P.-O.).
CHASTENET, Périgueux (Dordogne).
CLACQUESIN, Paris.
DECHAVANNE (Henri), la Plaine-Saint-Denis (Seine).
DENUZIÈRE (Charles), St-Étienne (Loire).
GAROLDE-GET, Revel (Hte-Garonne).

Membres: MM. LAMIRAL (Henry), Clichy (Seine).
(Suite.) MAUPRIVEZ-LEROY, Compiègne (Oise).
PEYRET, Lyon (Rhône).
SIMON aîné, Chalon-sur-Saône (Saône-et-Loire).
Experts: BARDINET, Bordeaux (Gironde).
BOUCHY, Levallois-Perret (Seine).
BRUGEROLLE (Léopold), Matha (Charente-Inférieure.).
CAZALIS (G.), Cette (Hérault).
COLETTE (René), Les Moëres, par Hondschoote (Nord).
FOURNIER-DEMARS, Saint-Amand (Cher).
QUENOT (Henri), Dijon (Côte-d'Or).
RATEAU, Nogent-sur-Marne (Seine).

CLASSE 62

Boissons diverses.

Eaux minérales. — Bières et cidres.

Vice-Président:
M. DUMESNIL (Fernand), Paris.
Secrétaire:
M. LEFEVRE (Hippolyte), Caen (Calvados).
Rapporteur général:
M. GIROD (Pierre), Paris.
Membres: MM. LEMARIEY (Lucien), Neuilly-sur-Seine (Seine).
COURAND (Paul), Paris.
WOHLHUTER (Paul), Paris.

GROUPE XI

Mines et métallurgie.

CLASSE 63

Exploitation des mines, minières et carrières.

Vice-Président: M. REUMAUX (E.), Lens. — P. G.
Secrétaire-Rapporteur-Expert: M. BOUSQUET, Fontenay-sous-Bois.
Membres: MM. BORDEAUX-MONTRIEUX, Angers.
BARRIER (E.-J.), Paris.
BOISSIÈRE (A.), Paris.

CLASSES 64 ET 65

Grosse métallurgie. — Petite métallurgie.

Président: M. PAILLIETTE (H.), Charleville.
Secrétaire-Rapporteur: M. ANTROINE (L.-A.), Paris. — S. G.
Membres: MM. WESSBECHER (E.), Paris.
PINOT (E.), Paris.

GROUPE XII-A

Décoration des édifices publics et des habitations.

CLASSE 66

Décoration fixe des édifices publics et des habitations.

Président: M. BIGAUX (L.), Paris. — V. P. G.
Secrétaire: M. MAXSARD (G.), Paris. — S. G.
Membres: MM. FRANTZ-JOURDAIN, Paris.
MONDUIT (P.), Paris.
GUILBERT (A.), Paris.
BONNAUD (P.), Limoges.
CORNIL (G.), Paris.
BERGEROTTE (L.), Paris.
DEPARD (R.), Paris.
SCHWARTZ (A.), Paris.
BROT (C.), Paris.
BOUDEREL (E.-L.), Paris.
GUILLAUME (H.), Paris.
SELMERSHEIM (P.), Neuilly-sur-Seine.
PELLISSIER (Bruno), Paris.
Expert-Rapporteur: M. GUIMARD (H.), Paris.

CLASSE 67

Vitraux.

Président: M. TREZEL (L.), Levallois-Perret.

CLASSE 68

Papiers peints.

Vice-Président-Rapporteur: M. DESFOSSÉ (E.), Paris.
Secrétaire: M. PETITJEAN (J.), Paris.

GROUPE XII-B

Mobilier des édifices publics et des habitations.

CLASSE 69

Meubles à bon marché et meubles de luxe.

Vice-Président: M. CLAIR (M.), Paris.
Secrétaire-Rapporteur: M. SOUBRIER (P.), Paris. S. G.

CLASSE 70

Tapis, tapisseries et autres tissus d'ameublement.

Président: M. CORNILLE (P.), Paris.
Secrétaire: M. MELLERIO (M.), Paris.

CLASSE 71

Décoration mobile et ouvrages du tapissier.

Président : M. REMON (P.-H.), Paris. — P. G.
Secrétaire : M. POTEAU, Paris.

CLASSE 72

Céramique.

Vice-Président : M. BRAULT (A.), Paris.
Secrétaire : M. YEATMAN (L.), Paris.
Rapporteur : M. LUZE (H. de), Limoges.
Membre : M. MINNE (E.), Paris.

CLASSE 73

Cristaux. — Verrerie.

Président : M. HABANT (L.), Paris. — V. P. G.
Secrétaire : M. APPERT (L.), Paris.
Expert-Rapporteur : M. DEWAVRIN (Daniel). Banteux,
par Honnecourt (Nord). — R. G.

GROUPE XIII-A

Fils, tissus, vêtements.

CLASSES 80 ET 81

Fils et tissus de coton.
Fils et tissus de lin, de chanvre, etc.
Produits de la corderie.

Président : M. DAVID-MENNET (Arthur), Paris. —
V. P. G.
Secrétaire-Rapporteur : M. WIBAUX (René), Roubaix.
Rapporteur : M. SIMONNOT (J.), Paris.
Membres : MM. BOUCART (J.), Montbéliard.
BADIN (G.), Barentin.
LAEDERICH (R.), Épinal.
COUSIN (V.), Comines.
BESSONNEAU (J.), Angers.

CLASSE 82

Fils et tissus de laine.

Président : M. POLLET (C.), Roubaix.
Secrétaires : MM. MATHON (E.), Tourcoing.
DREYFUS (E.), Paris.
Rapporteur : M. BLIN (E.), Elbeuf.
Membres : MM. ROUSSEAU (J.), Sedan.
FRANCHET, Elbeuf.

CLASSE 83

Soies et tissus de soie.

Président : M. DIEDERICHS (Th.), Lyon. — S. G.
Vice-Président : M. GIRON (E.), Saint-Étienne.
Secrétaire : M. BOURGEOIS (C.), Paris.
Rapporteurs : MM. RAIMON (A.), Paris.
RICHARD (E.), Lyon.
Membres : MM. GENIN (H.), Lyon.
PELLETIER (E.), Lyon.
TRONEL (F.), Lyon.
DESCHER, Lyon.
COLCOMBET (A.), Saint-Étienne.
BALOUZET, Saint-Étienne.
BRACH (A.), Paris.
PICARD (A.), Londres.

CLASSE 84

Dentelles, broderies et passementeries.

Président : M. DAVID (A.), Paris.
Secrétaire : M. HENON fils (H.), Calais.
Rapporteur-Expert : M. THIÉBAUT (C.), Paris.
Membres : MM. LESCURE (A.), Paris.
GABET-DEVOUGE, Caudry.
NEVEU (E.), Paris.
SCHILLER (R.), Paris.
JURY, Saint-Chamond.
BLANCHET (E.), Paris.

CLASSE 85

Industries de la confection et de la couture
pour hommes, femmes et enfants.

Président : M. STORCH (L.), Paris.
Secrétaire-Rapporteur : M. CARETTE (G.), Paris.
Membres : MM. REDFERN (C.), Paris.
COGNACQ (E.), Paris.
BIGORNE (L.-E.), Paris.
DOEUILLET (G.), Paris.
BOURDEREAU (H.), Paris.

GROUPE XIII-B

Fourrures, accessoires du vêtement.

CLASSE 52

Produits de la chasse (fourrures et pelleteries).

Président : M. CORBY (Th.), Paris.
Secrétaire-Rapporteur-Expert : M. RUZÉ (E.), Paris.
Membres : MM. REVILLON (V.), Paris.
HANAU (C.), Paris.
CHAPAL (Émile), Montreuil-sous-Bois.

CLASSES 76 A 79

Matériel et procédés pour la fabrication des tissus.

Matériel et procédés du blanchiment.

Vice-Président-Rapporteur : M. CHAPPAT (E.), Suresnes (Seine).
Secrétaire : M. DIEDERICHS (C.), Bourgoin-Jallieu (Isère).

CLASSE 86

Industries des accessoires du vêtement.

Président : M. DONCKÈLE (G.), Paris. — P. G.
Vice-Président : M. MOUILLEAU (J.), Paris.
Secrétaire : M. DEMESDIN (G.), Paris.
Rapporteur : M. FAMCHON (R.), Paris.
Membres : MM. CHABANNE (C.), Paris.
    LUCET (E.), Paris.
    PARENT (A.), Paris.
    CLAPIN (J.), Paris.
    GRILLET (J.-E.), Paris.
    BOISSELIER (A.), Paris.
    LEPRINCE (D.), Paris.
    LIEZ (E.), Paris.
    LOLLIOT (A.), Paris.
    BOILEAU (Th.), Paris.
    GILLETTE (G.), Paris.
    LATOUCHE (G.), Paris.
    PICARD (H.), Paris.
    GUIONVAR (P.), Paris.
    PINAY (J.-M.), Paris.
    CHANDELET (E.), Paris.
    LIAUD (E.), Paris.
    BROSSARD (G.), Paris.
Expert : M. MAYER (H.), Paris.

GROUPE XIV

Industrie chimique.

CLASSE 87

Arts chimiques et pharmacie.

Président : M. ASTIER (P.), Paris.
Secrétaire : M. DEGLOS (G.), Paris. — S. G.
Rapporteur : M. BAUBE (E.), Paris.
Membres : MM. BEHAL (A.), Paris.
    PASCALIS (G.), Paris.
    POULENC (C.), Paris.
    DUCHÉ (A.), Paris.
    LETELLIER (P.), Issy (Seine).
    ROUSSELOT (E.), Paris.
    DETOURBE (L.-M.), Paris.
    BÉLIÈRES (A.), Paris.

CLASSES 88 ET 92

Fabrication du papier. — Papeterie.

Vice-Président : M. PLISSON (H.), Paris.
Secrétaire-Rapporteur : M. FREDET (H.), Brignoud (Isère). — V. P. G.
Membres : MM. PISEL (G.), Paris.
    FAUCHIER, Paris.
Expert-Rapporteur : M. CONZA (A.), Paris.

CLASSE 89

Cuirs et Peaux.

Président : M. CAEN (G.), Paris. — V. P. G.
Secrétaire-Rapporteur : M. ROGIE (E.), Paris.
Membres : MM. COMBE fils (A.), Paris.
    GOIFFON (J.), Oullins (Rhône).
    JOSSIER (G.), Paris.
    COLAS (E.), Paris.
    CHICOINEAU (M.), Orléans.
    MARCHAND (G.), Paris.

CLASSE 90

Parfumerie.

Président : M. GALLET (E.), Paris.
Rapporteur : M. PICHELIN (G.), Paris.
Membre : M. MICHAUD (Ernest), Paris.

CLASSE 91

Tabacs.

Vice-Président : M. CAHEN (J.), Paris.
Secrétaire-Rapporteur : M. BASTOS (J.), Oran.
Membre : M. CALNET (A.), Toulouse.

GROUPE XV

Industries diverses.

CLASSE 93

Coutellerie.

Vice-Président : M. CARRÉ (G.), Paris.

CLASSE 94

Orfèvrerie.

Président : M. AUBOC (A.), Paris.
Rapporteur : M. CARRÉ (G.), Paris.

CLASSE 95

Joaillerie et bijouterie.

Vice-Président : M. TEMPLIER (P.), Paris.
Secrétaire-Rapporteur : M. TÉTERGER (H.), Paris.
Membres : MM. ROUZÉ (G.), Paris.
PIEL (P.), Paris.

CLASSE 96

Horlogerie.

Vice-Président : M. LEVI (P.), Paris.
Secrétaire-Rapporteur-Expert : M. HÉBERT (Sydney), Paris.
Membre : M. GEISMAR (G.), Besançon.
Expert : M. DREYFUS (F.), Paris.

CLASSE 97

Bronze, fonte et ferronnerie d'art, Métaux repoussés.

Président-Rapporteur : M. SOLEAU (E.), Paris.
Secrétaire : M. SUSSE (J.), Paris.

CLASSE 98

Brosserie, maroquinerie, tabletterie et vannerie.

Président : M. SCHLOSS (A.), Paris.
Secrétaire : M. JOANNOT (E.) fils, Paris.
Rapporteur : M. LELOIR (G.), Paris.

CLASSE 99

Industrie du caoutchouc et de la gutta-percha.

Président : M. VUITTON (G.), Paris.
Secrétaire-Rapporteur-Expert : M. LE RENARD, Alfort-ville (Seine).
Membre : M. BERGOUGNAN (M.), Paris.

CLASSE 100

Bimbeloterie.

Président : M. MARTIN (F.), Paris.
Secrétaire-Rapporteur : M. SERRE-TELMON (J. du), Paris.

GROUPE XVI

Économie sociale. Institutions d'Hygiène. Assistance publique.

Rapporteur Général du Groupe : M. HÉBRARD (Jean), Paris.

CLASSES 101 ET 105

Secrétaire-Rapporteur : M. SIEGFRIED (André), Paris.
Membres : MM. BONJEAN (G.), Paris.
FONTAINE (A.), Paris.

CLASSE 102

Vice-Président : M. HUSSENOT DE SENONGES, Paris.
Membres : MM. BEUDIN (Ernest), Pomponne, par Lagny.
DELOMBRE (A.), Paris.

CLASSE 103

Président : M. CARMICHAEL, Paris.
Vice-Président : M. BRLAT, Paris.
Secrétaire-Rapporteur : M. SAUDRAY, Paris.
Membre : M. TRICHEUX, Paris.

CLASSE 104

Président : M. DUFOURMANTELLE, Paris.
Rapporteur : M. TARDY (L.), Paris.
Membres : MM. DECKER-DAVID, Paris.
ROCQUIGNY (DE), Paris.

CLASSE 106

Président : M. SIEGFRIED (J.), Paris.
Rapporteur : M. RISLER (G.), Paris.
Membres : MM. BLIAULT, Paris.
FERRAND (L.), Paris.

CLASSE 107

Président : M. JOUANNY, Paris.
Vice-Président : M. FAGNOT (F.), Paris.
Secrétaire-Rapporteur : M. PICQUENARD, Paris.
Membre : M. GIDE, Paris.

CLASSES 108 ET 110

Président : M. MARCH, Paris.
Vice-Président : M. DEDET, Paris.
Secrétaire-Rapporteur : M. DOUARCHE (L.), Paris.
Membres : MM. LICHTENBERGER, Paris.
CONSCIENCE, Paris.

CLASSE 109-A

Président : M. LOURTIES (V.), Paris. — P. G.
Secrétaire-Rapporteur : M. MONTET (E.), Paris.
Membres : MM. MABILLEAU (L.), Paris.
MASCLE, Paris.
THEZARD (G.), Paris.
BONNIER (F.), Vienne (Isère).
LEMERCIER, Paris.
HÉBRARD (J.), R. G.
PETIT (E.), Paris.

CLASSE 109-B

Président : M. MATIGNON, Paris.
Vice-Président : M. MAYEN (P.), Paris.
Membres : MM. PAULET, Paris.
CERISE (Baron), Paris.
LESUEUR (F.), Paris.

CLASSES 111 ET 112

Président : M. CHEYSSON (E.), Paris.
Rapporteur : M. LOEICHE-DESFONTAINES, Paris.
Membres : MM. DREYFUS (F.), Paris.
VAN BROCK, Paris.
FUSTER, Courbevoie.
ALPHEN-SALVADOR (Mᵉ), Paris.

GROUPE XVI-B

Médecine et Hygiène publique.

CLASSE 16

Médecine et Chirurgie.

Président : M. BRUNIER (Dʳ L.), Paris. — P. G.
Secrétaire : M. FAURE (Dʳ J.), Paris. — S. G.
Rapporteur : M. PLISSON (A.), Paris.
Membres : MM. FLICOTEAUX (A.), Paris.
CARRON DE LA CARRIÈRE (Dʳ), Paris.
BARDY (J.-A.), Paris.
WICKHAM (H.), Paris.
BRETON (L.), Paris.
GRAUX (Dʳ L.), Paris.
SPRINGER (Dʳ), Paris.

CLASSE 111

Hygiène.

Président : M. LEGROS (G.), Paris.
Secrétaire-Rapporteur : M. CORMEIL (A.), Paris.

GROUPE XVII

Colonisation.

Rapporteur Général du Groupe : M. VIALLAR (P.), Paris.

CLASSE 113

Président : M. BRUNET (J.-L.), Paris. — V. P. G.
Vice-Président : M. MAX ROBERT, Paris.
Rapporteur : M. PIOT (E.), Paris.

CLASSE 114

Président : M. SCHWOB (Georges), Paris. — V. P. G.
Vice-Président : M. GUILLEMARD (R.), Sousse.
Secrétaire : M. ELLISSEN (R.), Paris.
Rapporteur : M. CAHEN (E.), Paris.

CLASSE 115-A

Président : M. CHANEL (C.), Paris.
Vice-Président : M. HIRSCH (S.), Paris.

Secrétaires : MM. BESSONNAT (L.), Paris.
RIVAGE (D.), Paris.
Rapporteur : M. LEFÈVRE (E.), Paris.

CLASSE 115-B

Président : M. SAINT-GERMAIN, Paris. — S. G.
Vice-Président : M. SAVIGNON, Alger. — V. P. G.
Secrétaires : MM. BEHR (P.), Oran.
MALET (F.), Tunis.
Rapporteur : M. VIALLAR (P.), Paris. — S. R. G.

Membres du Jury des Classes 113 à 115 :

MM. NICOLAS (P.), Paris.
DIBOWSKI (J.), Nogent-sur-Marne.
GÉRARD (E.), Paris.
ORDINAIRE (M.), Paris.
AUBERT, Alger.
BERTRAND (L.-V.), Constantine.
BESSON (G.), Reghaïa (Alger).
BORIES, Mostaganem.
CARRAFANG, Saïda (Oran).
CLOUET DES PERRUCHES, Gheima (Constantine).
FABRE (J.), Paris.
FETTU (E.), Paris.
FORGEMOL DE BOSTSQUENARD (E.), Paris.
GODARD, Philippeville.
GRELLET fils aîné, Kouba.
GIRRAUD, Alger.
HERSENT (J.), Paris.
HOMOLLE, Sidi-Ferruch (Alger).
JOURDAN (A.), Alger.
LAGEAT, Londres.
LONG (Frédéric), Alger.
MARTIN, Mascara.
MARTIN (V.), Constantine.
MELIA (G.), Alger.
MICHEL, Paris.
PELLERIN (P.), Paris.
PETIT (T.), Paris.
PICARD (G.), Paris.
PROUVOST (E.), Roubaix.
REDON DE COLOMBIER (de), Constantine.
RICOME, Alger.
SAVIGNON fils (H.), Bir-Kassa (Tunisie).
SCHWOB (E.), Paris.
TARTAVEZ, Mascara.
TELLIÈRE, Paris.
TROTIN (A.), Paris.
TROUILLET (J.-P.), Paris.
POTIN (Paul), Potinville (Tunisie).
BOUGENOT (L.), Paris.
CHAUMET (J.), Paris.
CHEVRON (Maurice), Paris.

Membres du Jury des Classes 113 à 115 (Suite) :

MM. CLADIÈRE (V.), Paris.
CONSCIENCE (A.), Paris.
COUELLE (J.), Paris.
DESCMEUR (J.), Paris.
HANHART (T.), Paris.
KRIPPLEBER (G.), Bordeaux.
LORDEREAU (G.), Lyon.
MOLIÈRE, Constantine.
PELLÉ, Sfax-Gafsa (Tunisie).
PRUD'HOMME, Nogent-sur-Marne.
TRÉLAT, Bône-Guelma.
FERROUILLAT, Oued-Marsa (Constantine).

GROUPE XVII-B

Groupe des Chambres de Commerce.

Président : M. HÉNON (H.), Calais. — P. G.
Secrétaire-Rapporteur : M. GATECLOUT, Paris. — S.
R. G.

GROUPE XIX

Sports.

CLASSES 122 ET 123

*Culture et Éducation physique. Matériel
des Jeux et des Sports.*

Président-Rapporteur : M. ROUSSEAU (P.), Paris.
Vice-Président : M. VOLLANT (A.), Paris.
Secrétaires : MM. STEPHAN (P.), Paris.
BIENAIMÉ (L.), Paris.

VILLE DE PARIS

Président : M. FALCOU (R.), Paris.
Rapporteur : M. WEILL (L.), Londres.
Membre : M. BOUVARD (R.), Paris.

Liste

DES RÉCOMPENSES

Grands Prix Spéciaux

<table>
<tr><td>Comité Français
des Expositions
à l'Étranger</td><td>Association
Britannique</td></tr>
</table>

SECTION FRANÇAISE

CLASSES 1 A 5.

Enseignement public.

(Groupe 1.)

Hors concours (Membre du Jury).

Friedel (V.-H.), Paris.

Hors concours
(par application de la Convention).

Ministère de l'Instruction publique (pour l'ensemble de ses services d'Éducation et d'Enseignement), Paris :
— Direction de l'Enseignement Supérieur.
— Direction de l'Enseignement Secondaire.
— Direction de l'Enseignement Primaire.
Bibliothèque, Office et Musée de l'Enseignement Public (Musée Pédagogique), Paris.

Grand Prix.

Archives de Paris et du Département de la Seine, Paris.
Direction de l'Enseignement primaire de la Ville de Paris et du Département de la Seine, Paris.
Ville de Paris : Commission municipale du Vieux Paris.
Ville de Paris : Service de la Bibliothèque et des Travaux Historiques.

Diplôme d'honneur.

Alliance littéraire et artistique Franco-Britannique. Londres.

Médaille d'or.

Société nationale *L'Art à l'École*, Paris.

Médaille d'argent.

Enseignement de l'Histoire de l'Art dans les établissements secondaires de jeunes filles (Gravures Pierrefort), Paris.

Médaille de bronze.

Œuvre de l'*Album des Petits Malades*, Paris.

CLASSE 6.

Enseignement spécial, industriel et commercial.

(Groupe 1.)

Hors concours (Membres du Jury).

Ministère du Commerce et de l'Industrie :
— Direction de l'Enseignement technique :
(*M. Gabelle, directeur de l'Enseignement technique.*)

Hors concours
(par application de la Convention).

Conservatoire national des Arts et Métiers, Paris.
École centrale des Arts et Manufactures, Paris.
Collectivité des Écoles d'hydrographie :
En participation :
École supérieure de commerce et d'industrie de Paris (Section de navigation maritime).

NOTA. — *Dans la présente Liste des Récompenses, la mise* **HORS CONCOURS PAR APPLICATION DE LA CONVENTION** *n'a pu être attribuée par les diverses juridictions du Jury qu'aux Exposants ayant obtenu un* **Grand Prix** *ou ayant fait partie d'un* **Bureau de Jury** *dans une* **Exposition Universelle et Internationale antérieure.**

Pour les **HORS CONCOURS (MEMBRES DU JURY)** *il y a lieu de faire remarquer que, dans les raisons sociales, les noms de MM. les Jurés, qui, par cette qualité, placent leurs maisons* **Hors Concours,** *sont entre parenthèses et en lettres italiques.*

Écoles d'hydrographie établies à :
Agde (Hérault).
Bastia (Corse).
Bordeaux (Gironde).
Brest (Finistère).
Cannes (Alpes-Maritimes).
Dunkerque (Nord).
Granville (Manche).
Le Havre (Seine-Inférieure).
Lorient (Morbihan).
Marseille (Bouches-du-Rhône).
Nantes (Loire-Inférieure).
Paimpol (Côtes-du-Nord).
Saint-Brieuc (Côtes-du-Nord).
Saint-Malo (Ille-et-Vilaine).
Saint-Tropez (Var).
Toulon (Var).
Collectivité des Écoles nationales d'Arts et Métiers, établies à :
Aix (Bouches-du-Rhône).
Angers (Maine-et-Loire).
Châlons (Marne).
Cluny (Saône-et-Loire).
Lille (Nord).
Collectivité des Écoles nationales professionnelles, établies à :
Armentières (Nord).
Nantes (Loire-Inférieure).
Vierzon (Cher).
Voiron (Isère).
Collectivité des Écoles nationales d'horlogerie, établies à :
Besançon (Doubs).
Cluses (Haute-Savoie).
Collectivité des Écoles pratiques de commerce et d'industrie de garçons, établies à :
Agen (Lot-et-Garonne).
Aire-sur-Adour (Landes).
Béziers (Hérault).
Brest (Finistère).
Cette (Hérault).
Charleville (Ardennes).
Clermont-Ferrand (Puy-de-Dôme).
Cluny (Saône-et-Loire).
Denain (Nord).
Dijon (Côte-d'Or).
Fourmies (Nord).
Grenoble (Isère).
Le Mans (Sarthe).
Le Puy (Haute-Loire).
Limoges (Haute-Vienne).
Marmande (Lot-et-Garonne).
Maubeuge (Nord).
Mazamet (Tarn).
Mende (Lozère).
Nantes (Loire-Inférieure).

Narbonne (Aude).
Nîmes (Gard).
Pont-de-Beauvoisin (Isère).
Reims (Marne).
Roanne (Loire).
Romans (Drôme).
Roubaix (Nord).
Tarbes (Hautes-Pyrénées).
Thiers (Puy-de-Dôme).
Tourcoing (Nord).
Valenciennes (Nord).
Vienne (Isère).
Collectivité des Écoles pratiques de commerce et d'industrie de jeunes filles, établies à :
Boulogne-sur-Mer (Pas-de-Calais).
Cherbourg (Manche).
Dijon (Côte-d'Or).
Le Havre (Seine-Inférieure).
Marseille (Bouches-du-Rhône).
Nantes (Loire-Inférieure).
Pont-de-Beauvoisin (Isère).
Reims (Marne).
Rouen (Seine-Inférieure).
Saint-Étienne (Loire).
Collectivité des Écoles pratiques d'industrie de garçons, établies :
Boulogne-sur-Mer (Pas-de-Calais).
Brive (Corrèze).
Elbeuf (Seine-Inférieure).
Firminy (Loire).
Le Havre (Seine-Inférieure).
Lille (Nord).
Marseille (Bouches-du-Rhône).
Montbéliard (Doubs).
Morez (Jura).
Rennes (Ille-et-Vilaine).
Rive-de-Gier (Loire).
Rouen (Seine-Inférieure).
Saint-Chamond (Loire).
Saint-Étienne (Loire).
Saint-Nazaire (Loire-Inférieure).
École pratique de commerce de Boulogne-sur-mer (Pas-de-Calais).
Collectivité des Écoles professionnelles de la Ville de Paris (Garçons) :
École Bernard-Palissy.
École Boulle.
École Diderot.
École Dorian.
École Estienne.
École Germain-Pilon.
École de physique et de chimie industrielles.
Collectivité des Écoles professionnelles de la Ville de Paris (Filles), établies :
Rue Bouret, 2.
Rue Fondary, 24.

Rue Ganneron, 12.
Rue de Poitou, 7.
Rue de la Tombe-Issoire, 77.
École Élisa-Lemonnier, 24, rue Duperré et 41, rue des Boulets.
Institut commercial de Paris.

Grands prix.

Association pour le développement de l'enseignement technique, Paris.
Association philotechnique, Paris.
Association polytechnique, Paris.
Chambre syndicale de la Bijouterie, Joaillerie et Orfèvrerie (École professionnelle), Paris.
Chambre syndicale de la Bijouterie fantaisie (École professionnelle), Paris.
Collectivité des Écoles professionnelles de la Chambre de Commerce de Paris, Paris.
En participation :
École des Hautes Études Commerciales, Paris.
École Supérieure pratique du Commerce et de l'Industrie, Paris.
École Commerciale, Paris.
Cours commerciaux pour Adultes (Hommes et Femmes).
Collectivité des Écoles professionnelles des Chambres syndicales de la Ville de Paris et du département de la Seine (Industrie et Bâtiment).
En participation :
Chambre syndicale des Carrossiers et Industries qui s'y rattachent, Paris.
Chambre syndicale des Entrepreneurs de charpente, Paris.
Chambre syndicale des Entrepreneurs de couverture, plomberie, etc., Paris.
Chambre syndicale des Entrepreneurs de maçonnerie, Paris.
Chambre syndicale des Entrepreneurs de menuiserie et parquets, Paris.
Chambre syndicale du Papier et des Industries qui le transforment, Paris.
Chambre syndicale des Entrepreneurs de serrurerie et Constructeurs en fer, Paris.
Chambre syndicale des Tapissiers-décorateurs, Paris.
Société anonyme des Établissements Pigier, Paris.
Société pour l'Assistance paternelle aux enfants employés dans l'industrie des fleurs et plumes, Paris.
Union des Associations des anciens élèves des Écoles supérieures de Commerce, Paris.

Diplômes d'honneur.

Association amicale des anciens élèves de l'École centrale des Arts et Manufactures, Paris.
Association amicale des anciens élèves de l'École supérieure de commerce de Paris, Paris.
Association sténographique unitaire, Paris.
Portevin, Reims.
Société d'enseignement moderne, Paris.
Société industrielle de Reims, Reims.
Société mutuelle de prévoyance des Employés de commerce du Havre, Le Havre.

Médailles d'or.

Association philotechnique de Saint-Denis, Saint-Denis.
Caillard, Grenoble.
Chambre de commerce d'Alençon, Alençon (Orne).
Duployé, Sinceny (Aisne).
École supérieure de commerce de Toulouse, Toulouse.
École Jules-Ferry à Versailles, Versailles.
Guerre (Mme), Paris.
Lavieuville, Dieppe.
Société pour la défense du commerce et de l'industrie de Marseille, Marseille.
Société pour la propagation des langues étrangères en France, Paris.
Souillagouet, Bordeaux.
Vuibert et Nony, Paris.

Médailles d'argent.

Association des anciens élèves de l'Institut commercial de Paris, Paris.
Chambre syndicale de la fantaisie pour modes, Paris.
Constant, Saint-Brieuc.
Cours de perfectionnement de l'École nationale professionnelle de Vierzon, Vierzon.
Delmas, Bordeaux.
Dutheil, Le Puy.
École Bréguet, Paris.
Girard, Narbonne.
Institut professionnel féminin, Paris.
Labrosse, Paris.
L'Enseignement pratique, Paris.
Le Guilcher, Le Havre.
Paulin et Cie, Paris.
Perrin, Paris.
Priault et Thomas, Elbeuf.
Société d'échange international des enfants et des jeunes gens pour l'étude des langues vivantes, Paris.

Médailles de bronze.

Bazard, Angers.
Bourguignon, Angers.
Cours dentellier de Vesoul, Vesoul.
École libre d'hydrographie de Fécamp, Fécamp.
Fourquet, Brive.

Freyberg, Lille.
Friocourt fils, Brest.
Gagnant, Morez.
Grigant, Châlons.
Guiard, Tarbes.
Institut populaire d'enseignement commercial, Paris.
Moreau, Charenton-le-Pont.
Mutualité des Femmes caissières, comptables, employées aux écritures et employées de commerce, Paris.
Pécheux, Aix.
Rollet, Paris.
Soubeiran, Béziers.
Union des Associations philotechniques, Paris.
Valleroy, Paris.

Mentions honorables.

Cousin, Nantes.
Dulot, Boulogne-sur-Mer.
Gadras, Charleville.
Liégeart, Dijon.
Maurel, Paris.
Nicolas, Armentières.
Noble, Vierzon.
Spételbrook, Elbeuf.
Vernet, Marseille.

CLASSES 7, 8, 9, 10.

OEuvres d'Art.

(Groupe II.)

La Section française était mise

Hors Concours.

CLASSE 11.

Typographie. — Impressions diverses.
(Matériel, procédés et produits.)

(Groupe III-A.)

Hors concours (Membres du Jury).

Dans les raisons sociales, les noms de MM. les Jurés qui, par cette qualité, placent leurs maisons hors concours, sont entre parenthèses et en lettres italiques.

Établissements Minot (*P. Lortat-Jacob*), Paris.
Hérissey (Ch.) et Fils (*M. Ch. Hérissey*), Évreux.

Pichot (Henri), Paris.
Renouard (Ph.), Paris.
Weill (Nathan), Paris.

———

Bary (Louis de), Reims (Cl. 60).
Hébert (Sidney), Paris (Cl. 96).

Hors concours
(par application de la Convention).

Berger-Levrault et Cie, Paris.
Charles-Lavauzelle (Henri).
Dubouloz (J.), Paris.
Établissements J. Voirin, Paris.
Firmin-Didot et Cie, Paris.
Union syndicale des Maîtres Imprimeurs de France, Paris.

Grands prix.

Crété (Edouard), Corbeil.
Danel (L.), Lille.
Établissements Marinoni, Paris.
Fortier et Marotte, Paris.
Imprimerie Chaix, Paris.
Imprimerie Nationale, Paris.
Lahure (A.), Paris.
Lorilleux (Ch.) et Cie, Paris.
Malherbe (G. de), Paris.
Prieur, Dubois et Cie, Puteaux.
Sirven (B.) (Société en commandite), Toulouse.
Société des Journaux et Imprimeries de la Gironde, Bordeaux.
Wittmann (Ch.) et Cie, Paris.

Diplômes d'honneur.

Bataille (G.), Paris.
Chevalier (Charles), Paris.
Delmas (Gabriel), Bordeaux.
Imprimerie Max-Cremnitz, Paris.
Laas (Henri), Pécaud (Emile) et Cie, Paris.
Porcabeuf (Alfred), Paris.
Poyet, Paris.
Schmautz (Ch.) et Cie, Paris.

Médailles d'or.

Breger (A.) frères, Paris.
Carpentier, Budel et Cie, Paris.
Chambre Syndicale de la Publicité, Paris.
Charles Joseph, Paris.

Longuet (D. A.), Paris.
Pech (F.) et Cie, Bordeaux.
Société des carrières lithographiques du Carteyral, Lyon.

Médaille d'argent.

Imprimerie de la Presse, Paris.

CLASSE 12.

Photographie.

(Groupe III-B.)

Hors concours (Membres du Jury).

Dans les raisons sociales, les noms de MM. les Jurés sont en italique et placés entre parenthèses.

Gerschel (Ch.), Paris.
Guilleminot-Bœspflug et Cie *(R. Guilleminot)*, Paris.
Jougla et Cie *(Joseph Jougla)*, Joinville-le-Pont (Seine).
Mendel (Ch.), Paris.
Nadar (P.), Paris.
Otto, Paris.
Vallois (Edm.-L.), Paris.

Grands prix.

Barbet-Massin (Maison Mathieu-Deroche), Paris.
Belliéni, Nancy.
Berthaud frères, Paris.
Boyer (Paul) et Bert, Paris.
Chambre syndicale des fabricants et négociants de la photographie, Paris.
Chambre syndicale de la photographie et ses applications, Paris.
Collectivité du Photo-Club de Paris, Paris.
  En participation :
    Besson (G.), Paris.
    Binder-Mestro (Mme), Paris.
    Bourgeois (Paul), Paris.
    Bucquet (Maurice), Paris.
    Da Cunha (A.), Paris.
    Demachy (Robert), Paris.
    Ducouran (E.), Paris.
    Guérin (H.), Paris.
    Hachette (A.), Paris.
    Huguet (Mme), Paris.
    Nandot (P.), Paris.
    Puyo (C.), Paris.
    Roy, Paris.
    Singly (vicomte de), Paris.
Demaria frères, Paris.
Gaumont et Cie, Paris.

Gauthier-Villars, Paris.
Grieshaber Frères et Cie, Paris.
Lumière et ses fils, Lyon.
Richard (Jules), Paris.
Société industrielle de photographie, Rueil (Seine-et-Oise).
Syndicat de la Photogravure, Paris.

Diplôme d'honneur.

Infroit, Paris.

Médailles d'or.

Berneral, Beauvais.
Desbois (Léon), Paris.
Estieu (Maurice), Paris.
Le Mouel (Société du Photochrome), Paris.
Manuel (Henri), Paris.
Panajou, Bordeaux.
Pirou (Eugène), Paris.

Médailles d'argent.

Couture (Maurice), Paris.
Félix, Paris.
Petiton, Rouen.
Saint-Just, Paris.
Sazerac (Roger), Paris.
Walbott, Paris.
Waléry (Lucien), Paris.

Médailles de bronze.

Avril (Édouard), Paris.
Boucher, Paris.
Chamberlin, Paris.
Dangereux (Charles), Paris.
Ratier, Paris.
Roland, Angers.
Wladimiroff (Nicolas), Paris.

Mentions honorables.

Coursdou (Paul), Toulon.
Durand (A.), Châlons-sur-Marne.
Gallegno, Provins.
Lazou (Lucien), Cambrai.
Poyet, Épernay.
Valle (Paul), Rouen.

CLASSE 13.

Librairie; éditions musicales. — Reliure.
Journaux. — Affiches.

(Groupe III-A.)

Hors concours (Membres du Jury pour les classes 13 et 14).

Dans les raisons sociales, les noms de MM. les Jurés sont en italique et placés entre parenthèses.

Barrère (Henry), Paris.
Bergaud, Paris.
Gleize (Jules), Paris,
Hachette et Cⁱᵉ *(René Fouret)*, Paris.
Heugel et Cⁱᵉ *(Paul-Emile-Chevalier)*, Paris.
Hollier, Larousse et Cⁱᵉ *(P. Gillon)*, Paris.
Jones (John), Paris.
Le Vasseur et Cⁱᵉ *(Pierre-Armand Le Vasseur)*, Paris.
L'Illustration (René Baschet), Paris.
Michaut (Léon), Reims.
Nalèche (Comte Et. de), Paris.
Terquem (Émile), Paris.
Vermot (Maurice), Paris.

Hors concours
(par application de la Convention).

Laveur (Lucien), Paris.
Collectivité du Syndicat de la Presse parisienne, Paris.

En participation :
  L'Action.
  L'Action Française.
  Les Annales Politiques.
  L'Aurore.
  L'Auto.
  L'Autorité.
  Le Bulletin des Halles.
  Le Charivari.
  Comœdia.
  La Cote de la Bourse et de la Banque.
  Le Cours de la Banque et de la Bourse.
  La Croix.
  La Dépêche Coloniale.
  Le Droit.
  L'Écho Agricole.
  La Liberté.
  La Libre Parole.
  Le Messager de Paris.
  Le Monde Illustré.

  La Nouvelle Presse.
  La Nouvelle Revue.
  Paris.
  Paris-Sport.
  Le Petit Journal.
  Le Petit Parisien.
  La Petite Presse.
  La Petite République.
  Le Petit Temps.
  La Politique Coloniale.
  La Presse Coloniale.
  L'Écho de Paris.
  L'Éclair.
  L'Économiste Européen.
  Le Figaro.
  La France.
  La France Militaire.
  Le Gaulois.
  La Gazette de la Capitale.
  La Gazette des Tribunaux.
  La Gazette du Palais.
  Gil Blas.
  L'Illustration.
  Le Jour.
  Le Journal.
  Le Journal des Débats.
  La Lanterne.
  Le Radical.
  Le Rappel.
  La République Française.
  La République Radicale.
  La Revue des Deux-Mondes.
  La Revue Illustrée.
  Le Siècle.
  Le Soir.
  Le Soleil.
  Le Temps.
  L'Univers.
  La Vie Financière.
  La Vie au Grand Air.
  La Vie Illustrée.
  Le Voltaire.

Grands prix.

Collectivité du Cercle de la Librairie, Paris.
  En participation :
  Alcan (Félix), Paris.
  Baillière (J.-B.) et Fils, Paris.
  Baranger Fils, Paris.
  Belin Frères, Paris.
  Benoit Lévy (Édouard), Paris.
  Berr (Henri), Paris.
  Cercle de la Librairie, Paris.
  Dauze (Pierre), Paris.

Delagrave (Charles), Paris.
Delalain Frères, Paris.
Delaplane (Paul), Paris.
Doin (Octave), Paris.
Dorbon aîné, Paris.
Durand (A.) et fils, Paris.
Fayard (Arthème), Paris.
Forest (Joseph), Paris.
Gratier (A.) et Rey (J.), Grenoble (Isère).
Guiffrey (Jean), Paris.
Hetzel (J.), Paris.
Journal des Chambres de Commerce, Paris.
Joubert (Martin), Paris.
Juven (Félix), Paris.
Lanquest (G.), Paris.
Laurens (H.), Paris.
Lebègue et Cie, Paris.
Le Soudier (H.), Paris.
Letheule (P.), Paris.
Librairie Armand Colin, Paris.
Marron (Marcel), Orléans (Loiret).
Picard (Alcide), Paris.
Picard fils et Cie, Paris.
Plon-Nourrit et Cie, Paris.
Rivière (Marcel), Paris.
Rouché (Jacques), Paris.
Roustan (G.), Paris.
Rouveyre (Édouard), Paris.
Rudeval (F.-R. de), Paris.
Schmid (Mme veuve Charles), Paris.
Schmoll, avocat, Paris.
Société internationale des Écoles Berlitz, Paris.
Société de propagation des livres d'art, Paris.
Sporck (Georges), Paris.
Tallandier (Jules), Paris.
Vigot (Paul), Paris.
Voitellier (Georges), Paris.
Collectivité de la Chambre syndicale des Éditeurs
   d'annuaires, Paris.
En participation :
   Agence Fournier, Lyon.
   Allard (Gustave), Marseille.
   Battet et Malchior, Lille.
   Bellet (L.), Clermont-Ferrand.
   Bendor (François), Paris.
   Bernard (E.), Paris.
   Carteret (Léopold), Paris.
   Charles-Lavauzelle (Henri), Paris.
   Comité central des Armateurs de France, Paris.
   Cussac (Jean), Paris.
   Crépin-Leblond, Nancy.
   Delmas (Gabriel), Bordeaux.
   Dubief (Pétrus), Villefranche (Rhône).
   Dunod (H.) et Pinat (E.), Paris.
   Dupré (Lucien), Nice.
   Durand et fils, Paris.

Durand (veuve Paul), Paris.
Faller (Eugène), Paris.
Gauthier-Villars, Paris.
Gout (Auguste) et Cie, Orléans.
Hautecœur (Jules), Paris.
La Fare (A.), Paris.
Lahure (Alexis), Paris.
Lebon Desmottes, Pau.
Lesfargues (Ch.), Bordeaux.
Loubat (J.), Paris.
Micaux (Hippolyte), Le Havre.
Mouzard (Ernest), Paris.
Muller (Arnold), Paris.
Pedone (Auguste), Paris.
Puel de Lobel, Paris.
Risacher (Émile), Paris.
Roustan (Georges), Paris.
Ruzie (Maurice), Paris.
Sageret (Veuve Marie), Paris.
Schmidt (E.) et Cie, Amiens.
Seigneurie (Albert), Paris.
Silvestre (Claude), Le Bois d'Oingt (Rhône).
Siraudeau (Joseph-J.), Angers.
Société anonyme annuaires Paris et France,
   Paris.
Société anonyme de l'Annuaire Didot-Bottin,
   Paris.
Société française des Guides-Albums, Paris.
Stewart (Raoul), Paris.
Thevin et Cie, Paris.
Viterbo (G.), Paris.
Vuibert et Nony, Paris.
Carteret (Léopold), Paris.
Charles-Lavauzelle (Henri), Paris.
Durand (A.) et fils, Paris.
Gauthier-Villars, Paris.
Hautecœur (Jules), Paris.
Société anonyme de l'Annuaire Didot-Bottin, Paris.
Vuibert et Nony, Paris.

Diplômes d'honneur.

Brisson (Adolphe) : *Annales Politiques et Littéraires*
   et *Journal de l'Université des Annales*, Paris.
Delalain frères, Paris.
Dunod et Pinat, Paris.
Ferroud (F.), Paris.
Floury (Henri), Paris.
Ganne (Louis), Paris.
Grus (Lucien), Paris.
Joubert (Martin), Paris.
Monde illustré (Le), Paris.
Schmidt (Mme Ve Charles), Paris.
Société des Éditions illustrées Pierre Lafitte et Cie,
   Paris.
Tallandier (Jules), Paris.

Médailles d'or.

Conard (Louis), Paris.
Gratier et Rey, Grenoble.
Guérinet (Armand), Paris.
Juven (Félix), Paris.
Lebon (Ernest), Paris.
Nathan (Fernand), Paris.
Picard (Alphonse) et fils, Paris.
Picard (Alcide), Paris.
Poulalion (J.-J.), Paris.
Schwartz (Émile), Paris.
Sporck (Georges), Paris.

Médailles d'argent.

Art décoratif (L'), Paris.
Berr (Henri), Paris.
Boyveau et Chevillet, Paris.
Économiste européen (L'), Paris.
Foulard (Charles), Paris.
Greningaire (Émile), Paris.
Marron (Marcel), Paris.
Olivier (Ernest), Moulins (Allier).
Rivière (Marcel), Paris.
Rudeval (F.-R. de), Paris.
Silvestre (Claude), Le Bois d'Oingt *(Rhône)*.
Vigot (Paul-Étienne), Paris.

Médailles de bronze.

Cussac (Jean), Paris.
Digoudé-Diodet, Paris.
Dorbon Aîné, Paris.
Lanquest (G.), Le Havre.
Micaux (H.), Le Havre.
Norsa (C.), Paris.
Pedone (Aug.), Paris.
Salabert (William), Paris.
Société anonyme des Annuaires Paris-France, Paris.
Voitellier (Georges), Paris.

Mentions honorables.

Bender (François), Paris.
Dubief (Petrus), Villefranche (Rhône).
Dupré (Lucien), Nice (Alpes-Maritimes).
Durand (veuve Paul), Paris.
Faller (Eugène), Paris.
Huet (Maurice), Paris.
Meignen (Émile), Paris.
Risacher (Émile), Paris.
Schmoll (Louis), Paris.
Siraudeau (Joseph), Angers (Maine-et-Loire).
Société anonyme de l'*Indicateur marseillais* (Allard), Marseille (Bouches-du-Rhône).
Thomas (Louis-Joseph), Nice (Alpes-Maritimes).
Viterbo (Gustave), Paris.

CLASSE 14.

Cartes et appareils de géographie
et de cosmographie. Topographie.

(Groupe III-A.)

Hors concours
(par application de la Convention).

Lebègue (L.) et Ci°, Paris.

Grands prix.

Compagnie universelle du Canal maritime de Suez, Paris.
Ehrard frères, Paris.
Ministère de la Guerre : Service géographique de l'armée, Paris.
Ville de Paris : Direction du cadastre, Paris.
Ville de Paris : Inspection générale des carrières, Paris.
Ville de Paris : Service de la bibliothèque et des travaux historiques, Paris.
Ville de Paris : Service du plan, Paris.

Diplôme d'honneur.

Wuhrer (Louis), Paris.

Médailles d'or.

Forest (Joseph), Paris.
Raveneau (Louis), Paris.
Taride (A.), Paris.

CLASSE 15 (1re partie).

Instruments de précision et d'optique.

(Groupe V.)

Hors concours (Membres du Jury).

Dans les raisons sociales, les noms de MM. les Jurés
sont en italique et placés entre parenthèses.

Baille-Lemaire et fils, Paris. (M. *J.-L. Baille-Lemaire.*)
Collot (Arm.), Paris.

Lequeux (Paul), Paris.
Morin (H.), Paris. (*M.-G. Boyette-Morin*).

Darras (Alphonse), Paris (cl. 26).
Établissements Poulenc frères, Paris (cl. 87).

Hors concours
(par application de la Convention).

Pellin (Philippe), Paris.

Grands prix.

Belliéni, Nancy (Meurthe-et-Moselle).
Jarret (François), Paris.
Ministère du Commerce et de l'Industrie : Direction du personnel, de la Marine marchande et des Transports, (Service des poids et mesures), Paris.
Nachet (Alfred), Paris.
Picard (René), Paris.
Ponthus et Therrode, Paris.
Sauguet (Joseph), Paris.
Thurneyssen (Jules), Paris.

Diplômes d'honneur.

Huet et Cie, Paris.
L'Hermite et Lejard, Paris.
Payen (Mme Vve), Paris.
Stiassnie (Maurice), Paris.

Médailles d'or.

Bernel-Bourette, Paris.
Deraisme (Ad. et Ed.), Paris.
Hue (Eugène) Fils, Paris.
Maxant (Léon), Paris.
Petit (Louis), Paris.
Secrétan (Georges), Paris.
Tubeuf (A.), Paris.

Médailles d'argent.

Bournay (A.), Paris.
Deroy (Hippolyte), Paris.
Dion (Ch.), Paris.
Drissler (Jacques), Paris.
Fournier et Cie, Paris.
Laviolette (Charles), Paris.

Médailles de bronze.

Guillaume (Eugène), Paris.
Léon (L.-K.), Paris.
Le Pladec-Martin (Gérard), Bordeaux.

Mention honorable.

Jobard frères, Paris.

CLASSE 15 (2ᵉ partie).

Monnaies et médailles.

(Groupe XV.)

Grands prix.

Administration des monnaies et médailles, Paris.
Conseil Général du département de la Seine, Paris.
Conseil Municipal de Paris, Paris.

Diplômes d'honneur.

Bourgey, Paris.
Duval (L.) et Janvier (L.), Paris.

Médaille d'or.

Duseaux (A.) et Cie, Paris.

Médaille d'argent.

Brunet (Maurice), Paris.

CLASSE 16.

Médecine et chirurgie.

(Groupe XVI-B.)

Hors concours (Membres du Jury).

Dans les raisons sociales, les noms de MM. les Jurés sont en italique et placés entre parenthèses.

Bardy (J.-A.), Paris.
Beurnier (Dr L.), Paris.
Carron de la Carrière (Dr), Paris.

Faure (Dr J.-A.), Paris.
Flicoteaux, Borne, Boutet (*Achille Flicoteaux*), Paris.
Lucien-Graux (Dr), Paris.
Plisson (Alfred), Paris.
Springer (Dr), Paris.
Van Steenbrugghe et Breton (*Léon Breton*), Paris.
Wickham (G. et H.) (*Henri Wickham*), Paris.

———

Lequeux (Paul), Paris (Cl. 15, gr. V.).

Hors concours
(par application de la Convention).

Gérin (Dr Thomas-Médéric de), Paris.

Grands prix.

Aix-les-Bains (Ville d') (Savoie).
Aix-les-Bains (Source des Deux-Reines) (Savoie).
Arcachon (Fédération des médecins d'Arcachon.
    Dr Festal, président), Arcachon (Gironde).
Bagnères-de-Luchon (Municipalité) (Haute-Garonne).
Buchet (Ch.) et Cie, Paris.
Chatel-Guyon (Société des eaux de) (Puy-de-Dôme).
Collectivité des Auteurs :
  En participation :
    Barbarin (Dr Paul), Paris.
    Baudouin (Dr).
    Bobier (Dr), Paris.
    Boncour (Dr), Paris.
    Bonjean (Dr), Paris.
    Bonnard, Paris.
    Buchet, Paris.
    Byla jeune, Gentilly (Seine).
    Cazaux (Dr), Paris.
    Cazin (Dr), Paris.
    Chatelain (J.-L.), Puteaux (Seine).
    Chatin (Dr), Paris.
    Coste (lieut.-colonel), Paris.
    Courtin (Dr J.), Bordeaux.
    Delafon (Maurice), Paris.
    Dufour (Dr), Paris.
    Dujour (Dr), Paris.
    Duplay (Dr), Paris.
    Emery (Dr), Paris.
    Esmonet (Dr C.), Paris.
    Fillassier (Dr A.), Paris.
    Fleig (Dr), Paris.
    Frankel (Dr).
    Frémont (Dr), Nice.
    Gallard (Dr), Biarritz (Basses-Pyrénées).
    Gaston (Dr), Paris.
    Germain, Toulon (Var).
    Grunber (Dr), Paris.

Guermonprez (Dr), Lille.
Guillois (Dr Ch.), Paris.
Guillemonat (Dr), Paris.
Heitz (Dr J.), Paris.
Hennequin (Dr), Paris.
Jeannel (Dr), Paris.
Joland (Dr), Argentan (Orne).
Jolivet-Teillon, Paris.
Landron (Dr A.), Paris.
Larauza (Dr), Dax (Landes).
Le Mellier de Labarthe (Dr), Toulouse (Haute-
    Garonne.
Lemerle (Dr), Paris.
Le Page Viger (Dr), Orléans (Loiret).
Letourneur, Paris.
Lipinska (Dr), Luxeuil (Haute-Saône).
Luys (Dr), Paris.
Madeuf (Dr), Paris.
Mazeran (Dr), Paris.
Ménier (Dr A.-H.), Paris.
Meslier (Dr), Paris.
Meunier (Dr L.), Paris.
Miquet (Dr), Les Tourelles à Sainte-Gauburge
    (Orne).
Montprofit (Pr), Angers (Maine-et-Loire).
Morichau-Bauchant, Poitiers (Vienne).
Naveau (Dr), Le Mans.
Pelon (Dr), Montpellier (Hérault).
Picqué (Dr), Paris.
Poussin (Dr O.), Paris.
Pussy-Cat, Paris.
Ramally (Dr), Noyon (Oise).
Rey, Paris.
Roussel (Dr Geo.-A.), Paris.
Sardou (Dr), Nice (Alpes-Maritimes).
Saurice (Dr J.), Paris.
Simon (Dr Robert), Paris.
Suarez de Mendoza, Paris.
Thouvenin (Dr), Bonnelles (Seine-et-Oise).
Vachez (Dr P.), Paris.
Vignes (Dr L.), Paris.
Wormser (Dr), Paris.
Collectivité de la Presse médicale française :
  En participation :
    *Annuaire général du Commerce et de l'Industrie
        des Spécialités pharmaceutiques et hygiéniques*,
        Paris.
    Annales de Dermatologie, Paris.
    Annales de l'Institut Pasteur, Paris.
    Annuaire général de l'hygiène et de la salubrité,
        Paris.
    Archives de Médecine des Enfants, Paris.
    *Archives internationales de Thérapeutique physio-
        logique*, Paris.
    *Archives internationales de Laryngologie et d'Ou-
        tologie*, Paris.

Archives médico-chirurgicales de Poitiers, Poitiers (Vienne).
Bulletin de la Société de Prophylaxie sanitaire, Paris
Bulletin de l'Œuvre d'Enseignement médical complémentaire (E. Bazot, prés.), Paris.
Bulletin professionnel des Infirmières et Gardes-malades, Paris.
Gazette des Eaux (Dr Lucien-Graux), Paris.
Gazette des Hôpitaux de Toulouse (Dr Dupin), Toulouse.
Gazette hebdomadaire des Sciences médicales de Bordeaux (Gironde).
Gazette médicale de Paris (Dr Lucien-Graux), Paris.
Journal de Physiologie, Paris.
La Nature, Paris.
Nouvelle Iconographie de la Salpétrière, Paris.
Presse médicale, Paris.
Revue Gynécologique, Paris.
Revue de l'Hygiène, Paris.
Revue de Neurologie, Paris.
Revue d'Orthopédie, Paris.
Revue de la Tuberculose, Paris.
Collectivité des stations d'Auvergne :
En participation :
    Châtel-Guyon (Municipalité).
    La Bourboule   —
    Le Mont-Dore   —
    Royal   —
    Saint-Nectaire.
Collectivité des stations de la Côte d'Azur :
En participation :
    Antibes (Municipalité).
    Beaulieu   —
    Menton   —
    Saint-Raphaël —
Contrexéville (Société des Eaux de) (Vosges).
Delair, Paris.
Dispensaire Antituberculeux mutualiste « Fondation nationale Émile Loubet », Paris.
Dumouthiers, Paris.
École dentaire de Paris, Paris.
Enseignement orthopédique, Paris.
Évian-les-Bains (Société Anonyme des Eaux minérales d') (Haute-Savoie).
Froussard (Dr Paul), Paris.
Gaston (Dr Paul), Paris.
Hôpital français de Londres et Maison de convalescence française de Brighton.
Infroit (Dr), Paris.
La Bourboule (Compagnie des Eaux de) (Puy-de-Dôme).
Lamalou-les-Bains (Commission locale de) (Hérault).
Lamalou-les-Bains (Établissement thermal de) (Hérault).
Langenhagen (Dr de), Plombières (Vosges).

Laurens (Dr), Paris.
Le Mont-Dore (Compagnie Fermière de l'Établissement thermal du) (Puy-de-Dôme).
Luchon (Cie Fermière de l'Établissement thermal de) (Haute-Garonne).
Montprofit (Dr), Angers (Maine-et-Loire).
Nice (Municipalité de) (Alpes-Maritimes).
Nice (Fédération des Syndicats d'initiative de la Côte d'Azur) (Alpes-Maritimes).
Pannetier, Commentry (Allier).
Pau (Municipalité de) (Basses-Pyrénées).
Pau (Syndicat d'initiative de) (Basses-Pyrénées).
Picqué (Dr), Paris.
Rainal frères, Paris.
Robert et Carrière, Paris.
Royal (Compagnie Générale des Eaux minérales de) (Puy-de-Dôme).
Saint-Nectaire (Société des Eaux thermales de) (Puy-de-Dôme).
Tissus Tétra (Société Française des) Paris.
Vichy (Allier) (Compagnie Fermière de l'Établissement thermal de (Propriété de l'État).
Vichy (Société Générale d'Eaux minérales naturelles de Vichy et du Bassin de Vichy) (Allier).
Wulfing-Luer, Paris.
Zund-Burguet (Ad.), Paris.

Diplômes d'honneur.

Antibes (Ville d') (Alpes-Maritimes).
Bagnoles de l'Orne (Établissement thermal de) (Orne).
Beaulieu (Ville de), (Alpes-Maritimes).
Biberon Robert, Paris.
Cathelin (Dr), Paris.
Cauterets (Établissement thermal de) (Hautes-Pyrénées).
Dispensaire Antituberculeux des 1er et 2e arrondissements, Paris.
Eaux-Bonnes (Société thermale des) (Basses-Pyrénées).
Franck (P.) et Cie, Paris.
Gaillard (Pierre), Paris.
Godon (Dr), Paris.
Jousset (Dr Marc), Paris.
Legrand, Paris.
Luys (Dr), Paris.
Martigny-les-Bains (Établissement thermal de) (Vosges).
Menton (Ville de) (Alpes-Maritimes).
Mougin (Dr), Paris.
Orezza (Concession de l'Eau d') (Corse).
Plombières (Compagnie Fermière des Sources et des Établissements thermaux de) (Vosges).
Saint-Raphaël (Ville de) (Var).

Vergne et Bouisseren, Paris.
Vernet-les-Bains (Grand Établissement thermal de)
   (Pyrénées-Orientales).

Médailles d'or.

Amélie-les-Bains. Établissement Monnod (Pyr.-Or.).
    —   —   Établissement Pujade   —
    —   —   Syndicat d'initiative   —
Aniodol (Société de l'), Paris.
Barbarin (Dr Paul), Paris.
Barrère, Paris.
Bascourret, Paris.
Bobier (Dr), Paris.
Chambre de commerce britannique de la Riviera,
   Cannes (Alpes-Maritimes).
Chateau (Dr), Paris.
Chatelain (L.), Puteaux (Seine).
Dispensaire-Hôpital de Marie-Hélène (Dr Barbarin),
   Paris.
Edet (Ch.), Alençon (Orne).
Enghien-les-Bains (Établissement thermal d') (Seine-
   et-Oise).
Hartenberg (Dr), Paris.
Kraus (Dr Alfred), Paris.
Le Ferment (Société anonyme), Paris.
Leval (Dr), Paris.
Le Vernet (Société Générale des Eaux minérales)
   (Ardèche).
Lièvre (Dr Gaëtan), Paris.
Moria, Paris.
Millet, Saint-Lupicin (Jura).
Picard (Les Fils de H.), Paris.
Schwartz (Émile), Nîmes (Gard).

Médailles d'argent.

Alet (Source Communale d') (Aude).
Benoît, Paris.
Boucard (Dr), Paris.
Boutry (G.), Paris.
Dépensier (Charles), Rouen.
Eury et Cie, Angoulens-sur-Mer (Charente-Infé-
   rieure).
Grunber (Dr), Paris.
La Fou (Thermes de) (Pyrénées-Orientales).
Molinié (Dr), la Garenne-Colombes (Seine-et-Oise).
Pearson (E.-T.), Paris.
Pegot (Dr), Paris.
Saint-Boës (Basses-Pyrénées).
Vichy, Source du Dôme (Allier).

Médailles de bronze.

Fleury (Dr), Paris.
Marquay, Dunkerque (Nord).

Mention honorable.

Romano (J.), Paris.

Instruments de musique.

(Groupe III-B.)

Hors concours (Membres du Jury).

*Dans les raisons sociales, les noms de MM. les Jurés
sont en italique et placés entre parenthèses.*

Burgasser et Theilmann (*Lucien Burgasser*), Paris.
Caressa et Français (*Albert Caressa*), Paris.
Evette et Schaeffer (*Ernest Schaeffer*), Paris.

Grands prix.

Aciéries et Forges de Firminy, Firminy (Loire).
Chaperon (Adèle), Paris.
Gehrling et Cie, Paris.
Mustel et Cie, Paris.
Pathé frères, Paris.
Pinet (Léon), Paris.
Pleyel, Wolff, Lyon et Cie, Paris.
Schœnaers-Millereau, Paris.

Diplômes d'honneur.

Coquet (Léon), Paris.
Cottereau (Alphonse-Lucien), Paris.
Labrousse (Joseph), Paris.
Sartory, Paris.
Ullmann (Ch. et J.), Paris.

Médailles d'or.

Blanchi (Albert), Nice (Alpes-Maritimes).
Enaux (Louis), Paris.
Guillot (Renard et Cahouet), Paris.
Haène (G.-P.), Saint-Denis (Seine).
Lantelme (A.), Paris.
Lantelme (G.), Paris.
Leguérinais frères, Paris.
Rivoire, Paris.

Médaille d'argent.

Delanerie (Camille), Paris.

Médaille de bronze.

Roche (J.-J.), Saint-Antoine, près Marseille (B.-
   du-R.).

Classe 19.

Machines à vapeur.

(Groupe IV.)

Hors concours (Membres du jury).

Dans les raisons sociales, les noms de MM. les Jurés sont en italique et placés entre parenthèses.

Niclausse (J. et A.) (*Dugé de Bernonville*), Paris.
Société de Laval (*Kasimir Sosnowski*), Paris.
Stofft (Albert), Paris.

Grands prix.

Association parisienne des Propriétaires d'appareils à vapeur, Paris.
Demarigny (Veuve Edmond), Paris.

Médaille d'or.

Begenne-Lamotte, Paris.

Médailles d'argent.

Duval (Constant), Louvroil (Nord).
Grangé (H.-D.), Paris.

Médaille de bronze.

Paty (Laurent), Paris.

Classe 20.

Machines motrices diverses.

(Groupe IV.)

Hors concours (Membres du jury).

Dans les raisons sociales, les noms de MM. les Jurés sont en italique et placés entre parenthèses.

Establie frères (*Paul Establie*), Paris.
Société générale des Industries économiques (moteurs Charron) (*Ernest Méra*), Paris.

Diplômes d'honneur.

Dunod (H.) et Pinat (E.), Paris.
Société anonyme des établissements Vallée (Godard-Desmarets), Paris.

Médailles d'or.

Hébert (R.) Versailles (Seine-et-Oise).
Jahan (F.), Courbevoie (Seine).

Médailles d'argent.

Champesme (Alexandre), Paris.
Régnier, Péridier et Cie, Paris.

Médaille de bronze.

Janneau (Ch.), Paris.

Mention honorable.

Lemaignen (Robert), Rouen.

Classe 21.

Appareils divers de la mécanique générale.

(Groupe IV.)

Hors concours (Membres du Jury).

Dans les raisons sociales, les noms de MM. les Jurés sont en italique et placés entre parenthèses.

Compagnie pour la fabrication des compteurs et matériel d'usines à gaz (*Ch. Michel*), Paris.
Piat et Cie (les fils de A.) (*Maurice Eissen-Piat*), Paris.

Grands prix.

Daydé et Pillé, Paris.
Dommage (A.) et fils, Paris.
Henry Hamelle, Paris.
Parenty (H.), Lille (Nord).
Société anonyme des Hauts Fourneaux et Fonderies de Pont-à-Mousson, Pont-à-Mousson (Meurthe-et-Moselle).
Syndicat des mécaniciens, chaudronniers et fondeurs de France, Paris.

Diplôme d'honneur.

Sébin (Ch.) fils, Paris.

Médaille d'argent.

Mandet (Jacques), Paris.

CLASSE 22.

Machines-outils.

(Groupe IV.)

Hors concours (Membres du jury).

Dans les raisons sociales, les noms de MM. les Jurés sont en italique et placés entre parenthèses.

Lapipe (H.) et Wittmann (Ch.) (*Henri Lapipe*), Paris.

Hors concours
(par application de la Convention).

Guillet et fils et Cⁱᵉ, Auxerre (Yonne).

Grands prix.

Bliss et Cⁱᵉ, à Saint-Ouen (Seine).
Chouanard (E.), Paris.
Dard et fils, Paris.
Société Panhard et Levassor, Paris.

Diplômes d'honneur.

Lachèze (Émile), à Dijon (Côte-d'Or).
Société des plaques et poudres à souder J. Laffitte, Paris.

Médailles d'or.

Jacquot et Taverdon, Paris.
Lejeune et Michel Lévy, Paris.
Ricbourg (A.), Paris.

Médailles d'argent.

Bedoin (A.), Sorgues (Vaucluse).
Brenot et Buronfosse, Paris.
Janet (Armand), Paris.

CLASSE 22 *bis*.

Construction navale et Matériel de guerre.

(Groupe IV.)

Hors concours (Membres du jury).

Dans les raisons sociales, les noms de MM. les Jurés sont en italique et placés entre parenthèses.

Comité des Forges de France (*Robert Pinot*), Paris.
Ministère de la Marine, Direction de la Navigation et des Pêches Maritimes (*Honnorat, sous-directeur*), Paris.

Grands prix.

Barbier, Bénard et Turenne, Paris.
Collectivité du Ministère de la Marine :
  En participation :
    Bureau des Archives au Ministère de la Marine, Paris.
    Direction centrale de l'artillerie au Ministère de la Marine, Paris.
    Direction centrale des constructions navales au Ministère de la Marine, Paris.
    Direction de l'artillerie, Lorient.
    Direction de l'artillerie, Toulon.
    Direction des constructions navales, Lorient.
    Direction des constructions navales, Toulon.
    Direction de la navigation au Ministère de la Marine, Paris.
    Laboratoire central de l'artillerie de la Marine, Paris.
    Section technique des constructions navales au Ministère de la Marine, Paris.
    Service hydrographique du Ministère de la Marine, Paris.
Chambre syndicale des fabricants et constructeurs de matériel de guerre :
  En participation :
    Compagnie des Forges de Châtillon, Commentry et Neuves-Maisons, Paris.
    Compagnie des Forges et Aciéries de la Marine et d'Homécourt, Paris.
    Jacob Holtzer et Cⁱᵉ, Unieux (Loire).
    Lefebvre (H.), Paris.
    Marrel frères, Rive-de-Gier (Loire).
    Schneider et Cⁱᵉ, Paris.
    Société anonyme des anciens établissements Hotchkiss et Cⁱᵉ, Paris.
    Société anonyme des fonderies et laminoirs de Biache-Saint-Vaast, Paris.
    Société de construction des Batignolles, Paris.

Chambre syndicale des Constructeurs de navires et de machines marines :

En participation :

De la Brosse et Fouché, Nantes (Loire-Inférieure).

Société anonyme des Chantiers et Ateliers Augustin Normand, Le Havre (Seine-Inférieure).

Société anonyme du Temple, Paris.

Société des Ateliers et Chantiers de la Loire, Paris.

Société des Chantiers et Ateliers de la Gironde, Paris.

Société des Chantiers et Ateliers de Provence, Marseille (Bouches-du-Rhône).

Société des Chantiers et Ateliers de Saint-Nazaire (Penhoët), Paris.

Société des Forges et Chantiers de la Méditerranée, Paris.

CLASSE 23.

Production et utilisation mécanique de l'électricité.

(Groupe V.)

Hors concours (membres du Jury).

Dans les raisons sociales, les noms de MM. les Jurés sont en italique et placés entre parenthèses.

Anglade et Debauge (*Henri Debauge*), Paris.

Sautter, Harlé et Cⁱᵉ (*Jean Rey*), Paris.

Société Alsacienne de constructions mécaniques (*Ch. Regnault*), Paris.

Grands prix.

Hillairet-Huguet, Paris.

La Canalisation électrique, Saint-Maurice (Seine).

Société Gramme, Paris.

Diplômes d'honneur.

Charbonneaux et Cⁱᵉ, Reims (Marne).

Société *l'Éclairage électrique*, Paris.

Médaille d'or.

Bardot (Edmond), Paris.

Médailles d'argent.

Citroën (André) et Cⁱᵉ, Paris.

Neu (Lucien), Paris.

CLASSE 24.

Électrochimie.

(Groupe V.)

Hors concours (Membres du Jury).

Dans les raisons sociales, les noms de MM. les Jurés sont en italique et placés entre parenthèses.

Leclanché et Cⁱᵉ (*Maurice Leclanché*), Paris.

Société des procédés Gin pour la métallurgie électrique (*Gustave Gin*), Paris.

Société *la Néo-métallurgie* et Société électrochimique du Giffre (*Alexandre Remond*), Paris.

Hors concours (par application de la Convention).

Compagnie française de charbons pour l'électricité, Nanterre (Seine).

Grands prix.

Delafon (Philippe), Paris.

Dinin (Alfred), Puteaux (Seine).

Société anonyme électro-métallurgique, procédés E. Girod, Ugine (Savoie).

Société anonyme *le Carbone*, Levallois-Perret (Seine).

Société d'électrochimie, Paris.

Société des Établissements Keller-Leleux et Cⁱᵉ, Paris.

Société des carbures métalliques, Paris.

Société électrométallurgique française, Froges (Isère).

Société pour le travail électrique des métaux, Paris.

Diplôme d'honneur.

Heinz et Cⁱᵉ, Levallois-Perret (Seine).

Médailles d'or.

Société générale d'électrochimie de Bozel, Paris.

Société *la Volta*, Moûtiers (Savoie).

CLASSE 25.

Éclairage électrique.

(Groupe V.)

Hors concours (Membres du Jury).

Dans les raisons sociales, les noms de MM. les Jurés sont en italique et placés entre parenthèses.

Cance et Fils et Cⁱᵉ (*Alexis Cance*), Paris.
Compagnie générale des Travaux d'éclairage et de force (*Marcel Meyer*), Paris.
Société d'électricité *Nil Melior* (*Auguste Michel*), Paris.
Roux (Gaston), Paris.

Appareillage électrique Grivolas (*Claude Grivolas*), Paris (Cl. 26).

Hors concours (par application de la convention).

Barbier, Bénard et Turenne, Paris.

Grands prix.

Bardon (Louis), Clichy (Seine).
Compagnie continentale pour la fabrication des compteurs à gaz et autres appareils, Paris.
Compagnie française des perles Weissmann, Paris.
Guinier (Édouard), Paris.
Paz et Silva, Paris.

Diplôme d'honneur.

Genteur (Jules), Paris.

CLASSE 26.

Télégraphie et téléphonie.

(Groupe V.)

Hors concours (Membres du Jury).

Dans les raisons sociales, les noms de MM. les Jurés sont en italique et placés entre parenthèses.

Appareillage électrique Grivolas (*Claude Grivolas*), Paris.
Darras (Alphonse), Paris.
Mildé (Ch.) Fils et Cⁱᵉ (*Auguste Courtant*), Paris.

Leclanché et Cⁱᵉ, Paris, (*Maurice Leclanché*) Paris. — (Cl. 24).

Grands prix.

Compagnie des Tréfileries du Havre, Paris.
Ministère des Travaux publics, des Postes et des Télégraphes (Sous-Secrétariat d'État des Postes, des Télégraphes et des Téléphones : Direction de l'Exploitation électrique), Paris.
Société Industrielle des Téléphones, Paris.

Médaille d'or.

Mambret (G.) et Cⁱᵉ, Paris.

Médaille d'argent.

Delafon (P.), Paris.

Médaille de bronze.

Woittequand (Ch.), Charleville (Ardennes).

CLASSE 27.

Applications diverses de l'électricité.

(Groupe V.)

Hors concours (Membres du Jury).

Dans les raisons sociales, les noms de MM. les Jurés sont en italique et placés entre parenthèses.

Ducretet (E.), Paris.
Dumont (G.) et Baignères (G.) (*François Baignères*), Paris.
Renault (Dr.) (*Charles*), Paris.

Société d'électricité *Nil Melior*, Paris. (Cl. 25.)
Société des procédés Gin pour la métallurgie électrique, Paris. (Cl. 24.)

Hors concours (par application de la Convention).

Compagnie pour la fabrication des compteurs et matériel d'usines à gaz, Paris.
Société électro-textile, Paris.
Société d'électricité Mors et E. Sartiaux, Paris.

Grands prix.

Chauvin et Arnoux, Paris.
Château frères, Paris.
Dunod (H.) et Pinat (E.), Paris.
Féry (Charles), Paris.
Richard (Jules), Paris.
Société internationale des électriciens, Paris.
Société française de constructions mécaniques (anciens Établissements Cail), Denain (Nord).

Diplômes d'honneur.

Montpellier, Paris.
Portevin (Hippolyte), Reims.

Médailles d'or.

Rousselle et Tournaire, Paris.
Schühler (Paul), Paris.

CLASSE 28.

Matériaux, Matériel et Procédés du Génie civil.

(Groupe VI-A.)

Hors concours (Membres du Jury).

Lièvre (Hector), Paris.
Moreau (Auguste), Paris.

Hors concours
(par application de la Convention).

Candlot, Paris.
Metz (Arthur), Paris.

Grands prix.

Barbier, Bénard et Turenne, Paris.
Coignet (Edmond), Paris.
Considère, Pelnard et Lossier, Paris.
Friésé (Paul), Paris.
Hennebique.
Société générale de constructions en béton armé, et de travaux spéciaux en ciment, Paris
Ville de Paris : Laboratoire d'essais, Paris.
Ville de Paris : Service de la voie publique et de l'éclairage, Paris.

Diplômes d'honneur.

Bonnal (Auguste), Paris.
Decauville (Paul), Paris.
Weitz (Jules), Lyon (Rhône).

Médailles d'or.

Aubry-Pachot, Paris.
Fontaine-Souverain, Dijon (Côte-d'Or).
Seurat et Deschamps, Paris.
Société de goudronnage des routes, Paris.

Médailles d'argent.

Collantier, Paris.
Sénépart, Mouy (Oise).
Société des chaux et ciments de Vermenton, Issy-les-Moulineaux (Seine).

CLASSE 29.

Modèles, plans et dessins de travaux publics.

(Groupe VI.)

Hors concours (Membres du Jury).

Dans les raisons sociales, les noms de MM. les Jurés sont en italique et placés entre parenthèses.

Baudet, Donon et Cie (*Louis Baudet*), Paris.
Falcou (Raph.), Paris.
Fourchotte (Maurice), Paris.
Hersent (J. et G.) (*Georges Hersent*), Paris.
Weill (Léopold), Londres.

Grands prix.

Chagneaud (Léon), Paris.
Daydé et Pillé, Paris.
Département de la Seine : Direction des Affaires départementales.
École spéciale des Travaux publics, du Bâtiment et de l'Industrie, Paris.
Ministère des Travaux publics (École nationale des Ponts et Chaussées), Paris.
Société générale des constructions en béton armé et de travaux spéciaux en ciment, Paris.
Ville de Paris : Direction des Affaires municipales.
—   Direction des Services d'Architecture et des Promenades.

Ville de Paris : Direction du Service des Eaux et de
    l'Assainissement.
—   Direction de la Voie publique. . .
—   Direction du Service technique du
    Métropolitain.

Médailles d'or.

Doillet (Laurent), Paris.
Entreprise générale du chemin de fer des Alpes
    Bernoises, Paris.
Guilmoto (Henri), Paris.
Schmid, Bruneton et Morin, Paris.

CLASSE 30.

*Carrosserie et charronnage, automobiles
et cycles.*

(Groupe VI-B.)

Hors concours (Membres du Jury).

*Dans les raisons sociales, les noms de MM. les Jurés
sont en italique et placés entre parenthèses.*

Boas, Rodrigues et Cie *(Cannille-Rodrigues-Ely)*, Paris.
Boudeville (Raoul), Londres.
Kellner et ses fils *(Paul Kellner)*, Paris.
La Macérienne (Charles Chapelle), Paris.
Potron (Émile), Paris.
Société anonyme des automobiles *Unic (G. Richard)*,
    Puteaux.

Hors concours
(par application de la Convention).

La Métropole, Pantin (Seine).

Grands prix.

Association générale Automobile, Paris.
Automobile-Club de France, Paris.
Baudry de Saunier, Paris.
Établissements Hutchinson, Paris.
Établissements Lemoine, Paris.
Labourdette (Henri), Paris.
Laurent-Colas, Bogny-sur-Meuse (Ardennes).
Manufacture générale de caoutchouc (Edeline),
    Puteaux.

Muhlbacher (A.), Paris.
Rheims et Auscher, Paris.
Société des Établissements Falconnet-Perodeaud,
    Paris.
Société *La Française*, Paris.
Ville de Paris : Régiment de Sapeurs-Pompiers,
    Paris.

Diplômes d'honneur.

Fonderie de Puteaux, Puteaux (Seine).
Hirtz, Michel-Levy et Bloch, Paris.
Lemoine-Blès, Paris.
Société française de roulements à billes, Ivry-Port.
Vermot (Charles), Paris.

Médailles d'or.

Barthélemy, Paris.
Comte, Paris.
Delaugère et Clayette, Orléans.

Médailles d'argent.

Brosse frères, Paris.
Cury fils (Jules), Deville (Ardennes).
Société anonyme des caoutchoucs de Saint-Denis,
    Saint-Denis (Seine).

Médailles de bronze.

Société anonyme du Temple, Paris.
Société française des radiateurs électrolytiques,
    Paris.

Mention honorable.

Fédération des Automobile-Clubs régionaux.

CLASSE 31.

Sellerie et bourrellerie.

(Groupe VI-B.)

Grand prix.

Hermès frères, Paris.

CLASSE 32.

Matériel de chemins de fer et tramways.

(Groupe VI-C.)

Hors concours (Membres du Jury).

Dans les raisons sociales, les noms de MM. les Jurés sont en italique et placés entre parenthèses.

Chevalier (H.), Paris.
Compagnie des chemins de fer du Nord *(Félix Sartiaux et Sire)*, Paris.
Compagnie des chemins de fer P.-L.-M. *(Géo-Lévy-Caen)*, Paris.
Mouret (A.), Nîmes.
Weyl-Michel, Paris.

Hors concours.
(par application de la Convention).

Chambarlhac, Nice.
Chemins de fer de Ceinture de Paris, Paris.
Chemins de fer de l'État, Paris.
Compagnie des chemins de fer de l'Est, Paris.
Compagnie des chemins de fer du Midi, Paris.
Compagnie des chemins de fer de Paris à Orléans, Paris.
Compagnie des chemins de fer du Sud de la France, Paris.
Delaitre (P.), Paris.
Rotival (Jules), Paris.
Société Française des Guides-Albums, Paris.

Grands prix.

Chemin de fer électrique souterrain Nord-Sud de Paris, Paris.
Collet (Albert), Paris.
Desouches, David et Cⁱᵉ, Pantin.
Flaman (E.), ingénieur, Paris.
Francq (L.) et fils, ingénieur, Paris.
Labour (V.), Paris.
Société française de constructions mécaniques (anciens Établissements Cail), Denain.
Société *L'Aster*, (Monard, Alfred), Paris.
Trayvou (B.), La Mulatière (Rhône).

Diplômes d'honneur.

Cousin et Cⁱᵉ, Paris.
Muller et fils, Paris.
Société nouvelle des appareils contrôleurs, Paris.

Médailles d'or.

Luchaire (Henri) et Pottier, Paris.
Mitjavile (Dominique), Montpellier.
Société des éclisses électromécaniques, Paris.
Société *L'Électrique Lille-Roubaix-Tourcoing*, Lille.

Médailles d'argent.

Boilève (Victor), Béziers.
Guide international *Paris-Londres-New-York*, Paris.
Voie ferrée indéformable (Système Ambert), Lyon.

CLASSE 33.

Matériel de la navigation de commerce.

(Groupe VI-C.)

Hors concours (Membre du Jury).

Jeanselme (Ch.), Paris.

Hors concours
(par application de la Convention).

Sormani et Rémon, Paris.

Grands prix.

Bonnardel, président de la Compagnie générale de Navigation, Havre-Paris-Lyon-Marseille, à Paris.
Compagnie du port de Bizerte, Paris.
Compagnie universelle du canal maritime de Suez. Paris.
Ministère du Commerce et de l'Industrie (Direction du personnel, de la marine marchande et des transports : Service de la marine marchande), Paris.

Médaille d'or.

Ehrenberg (Georges), Paris.

CLASSE 34.

Aérostation.

(Groupe VI-C.)

Hors concours (Membres du Jury).

Dans les raisons sociales, les noms de MM. les Jurés sont en italique et placés entre parenthèses.

Besançon (G.), Paris.
La Vaulx (comte Henri de), Paris.
Mallet (Maurice), Puteaux.
Société Antoinette *(Capitaine Ferber)*, Puteaux.

Hors concours
(par application de la Convention).

Aéro-Club de France, Paris.
Société française des ballons dirigeables, Paris.

Grands prix.

Boulade (A.), Lyon-Monplaisir.
Société du caoutchouc manufacturé *Continental*, Paris.

Médailles d'or.

Hue, Paris.
Société des anciens Établissements Falconnet-Pé-rodeaud, Paris.

Médailles d'argent.

Bordé (Paul), Paris.
Fareot (A.), Paris.

CLASSE 35.

Matériel et procédés des exploitations rurales.

(Groupe VII.)

Hors concours (Membres du Jury).

Dans les raisons sociales, les noms de MM. les Jurés sont en italique et placés entre parenthèses.

Guichard (Alexandre), Lieusaint (Seine-et-Marne).
Krieg et Zivy *(Krieg)*, Montrouge (Seine).
Marot (Émile) et Cie *(Émile Marot)*, Niort (Deux-Sèvres).

Puzenat (Émile) et fils *(Puzenat fils)*, Bourbon-Lancy (Saône-et-Loire).
Vidal-Beaume, Boulogne-sur-Seine.

Grands prix.

Anciens Établissements Albaret, Rantigny (Oise).
Bajac (Antoine), Liancourt (Oise).
Beaupré (Eugène), Montereau (Seine-et-Marne).
Dard (Louis-Denis) et Fils, Paris.
Darley (Eugène), Nemours (Seine-et-Marne).
Magnier-Bédu (Ernest), Groslay (Seine-et-Oise).
Pinchart-Deny (L.) et fils, Paris.
Senet (Adrien-Bruno), Nogent-le-Rotrou (Eure-et-Loir).
Syndicat des Patrons-Maréchaux ferrants de France (Antoine Peillon, président), Paris.

Diplômes d'honneur.

Laffly (Alexandre), Boulogne-sur-Seine.
Souchu-Pinet (Henri), Langeais (Indre-et-Loire).

Médailles d'or.

Caruelle (Georges), Origny-Sainte-Benoîte (Aisne).
Wallut (R.) et Cie, Paris.

Médaille d'argent.

Cozette, Noyette (Oise).

CLASSE 36.

Matériel et procédés de la viticulture.

(Groupe VII.)

Hors concours (Membres du Jury).

Dans les raisons sociales, les noms de MM. les Jurés sont en italique et placés entre parenthèses.

Barbou fils, Paris.
Mabille (E.) frères *(Pécard-Mabille)*, Amboise (Indre-et-Loire).
Simoneton (Emmanuel), Le Raincy.

Grands prix.

Besnard, Maris et Antoine, Paris.
Guillebeaud (Théodore), Angoulême (Charente).

<table>
<tr><td>

Thirion (Henri), Paris.
Vermorel (Victor), Villefranche-sur-Saône (Rhône).

Diplômes d'honneur.

Dujardin (Jules), Paris.
Lacom' frères, Bordeaux.
Société anonyme des Etablissements L. Daubron, Paris.

Médailles d'or.

Viala (P.), Paris.
Revue de la Viticulture, Paris.

Médailles d'argent.

Jacquot (Alphonse) fils, Toulouse (Haute-Garonne).
Marbeuf (Veuve Th.) et Victor (A.), Cognac (Charente).

CLASSE 37.

Matériel et procédés des industries agricoles.

(Groupe VII.)

Hors concours (Membres du Jury).

Dans les raisons sociales, les noms de MM. les Jurés sont en italique et placés entre parenthèses.

Simon frères (*Simon jeune*), Cherbourg.
Voitellier (Henri)), Paris.

Grands prix.

Gaulin (A.), Paris.
Lévi frères, Paris.
Pellet (Henri), Paris.

Diplômes d'honneur.

Compagnie bordelaise de produits chimiques, Bordeaux.
Duquesne (Pierre-Amédée), Montfort-s.-Rille (Eure.)
Hubert (Ernest), Saumur.
Schlœsing frères et Cie, Marseille.

Médaille d'argent.

Danysz, Virus Ltd Londres.

</td><td>

CLASSE 38.

Agronomie. — Statistique agricole.

(Groupe VII.)

Hors concours (Membres du Jury).

Dans les raisons sociales, les noms de MM. les Jurés sont en italique et placés entre parenthèses.

Berge (René), Rouen.
La Barre (Gaston de), Paris.

Librairie Larousse (*Saquier*), Paris (Cl. 43).

Grands prix.

Magnien (Lucien), Dijon.
Ministère de l'Agriculture: Service du Crédit mutuel et de la Coopération agricoles; Paris.
Rémy (Henri), Beauvais (Oise).
Syndicat central des Agriculteurs de France, Paris.
Vacher (Marcel), Montmarault (Allier).

Diplômes d'honneur.

Lesage (Léon et Maurice), Paris.
Société d'encouragement à l'Agriculture de l'arrondissement d'Orléans, Orléans.

Médailles d'or.

Bonnefoy (Georges), Clermont-Ferrand (Puy-de-Dôme).
Martin (Charles), Besançon (Doubs).
Hachette et Cie, *La Vie à la Campagne*, Paris.

Médailles d'argent.

Lachèze, château de Chercorat, par Magnac-Laval (Haute-Vienne.).
Plouchard (Eugène), Paris.

CLASSE 39.

Produits agricoles alimentaires d'origine végétale.

(Groupe VII.)

Hors concours (Membres du Jury).

Dans les raisons sociales, les noms de MM. les Jurés sont en italique et placés entre parenthèses.

Hirsch frères (*Alfred Hirsch*), Paris.
Service de l'oléiculture (*Chappelle*), Marseille.
Weil (Camille), Toury (E.-et-L.).

Barton et Guestier (*D. Guestier*), Paris (Cl. 60).

</td></tr>
</table>

Grands prix.

Gaillard (A.) et fils, Marseille.
Garres-Fourché (J. et H.), Bordeaux.
Louis-Dreyfus, Paris.
Ricois (P.-A.), Moresville (Eure-et-Loir).
Valéri (Jules) et Cie, Nice.
Vilmorin, Andrieux et Cie, Paris.

Diplômes d'honneur.

Exposition collective des Coopératives oléicoles de
   Provence, Marseille :
   En participation :
      Syndicat agricole de Cotignac (Var).
      Syndicat de la Travailleuse, Cotignac (Var).
      Coopérative oléicole Cuéroise, Cuers (Var).
      Coopérative oléicole La Grasséine, Grasse (A.-M.).
      Coopérative oléicole de Cabris (Alpes-Maritimes).
      Coopérative oléicole de Gillette (Alpes-Marit.).
Lambert (Maurice), Toury (Eure-et-Loir).
Mayrargues (Félix), (Maison J. Mayrargues), Nice.

Médailles d'or.

Sasserno, Picon et Maunier, Nice.
Syndicat national de défense de l'Oléiculture française, Paris.

CLASSE 40.

Produits agricoles alimentaires d'origine animale.

(Groupe VII.)

Hors concours (Membres du Jury).

*Dans les raisons sociales, les noms de MM. les Jurés
   sont en italique et placés entre parenthèses.*

Cabaret (Paris).
Dornic, Surgères (Charente-Inférieure).
Moussu, Paris.
Syndicat de l'Industrie fromagère de l'Est (*Claude
   Ripert*), Bar-le-Duc.

Grands prix.

Abaye (L.), domaine du Tremblay, par Montreuil
   l'Argillé (Eure).
Association centrale des laiteries coopératives des
   Charentes et du Poitou, Niort (Deux-Sèvres).

Institut Pasteur de Paris, Paris.
Société anonyme de l'Emmenthal français, Besan-
   çon (Doubs).
Société des Caves et des Producteurs réunis de Ro-
   quefort, Roquefort (Aveyron).
Société française d'Encouragement à l'industrie
   laitière, Paris.
Société laitière Maggi, Paris.
Syndicat des fromagers et laitiers de l'Eure, Évreux
   (Eure).
The Nantes Butter and Refrigerating C^o Ld. Nantes.

Diplômes d'honneur.

Früh et Maurice, Paris.
Syndicat des fabricants de caséine, lactose et poudre
   de lait, Paris.

Médailles d'or.

Compagnie générale des laits purs, Paris.
Godefroy (Hyacinthe), Orbec (Calvados).
Prat (Isidore), Bordeaux.

Médailles d'argent.

Darses (Dr.), Paris.
Hanff et Leu, Paris.

Médaille de bronze.

Fromagerie aveyronnaise (Sarrouy et Cie), Roquefort
   (Aveyron).

CLASSES 41 ET 54 réunies.

Produits agricoles non alimentaires. — Engins, instruments et produits de cueillettes.

(Groupe VII.)

Hors concours (Membres du Jury).

*Dans les raisons sociales, les noms de MM. les Jurés
   sont en italique et placés entre parenthèses.*

Couturieux (Ch.), Paris.
Dahat, Paris.
Franchomme (Hector), La Madeleine, près Lille.

François-Grellou (L. et A.) et Cie *(Grellou)*, Paris.
Galibert et Sarrat *(Galibert-Ferret)*, Mazamet (Tarn).
Lanzi, Ajaccio.
Midy (A. et M.) *(Midy)*, Paris.
Perrot (G.) Paris.
Trouette (Édouard), Paris.

————

Plisson, Paris. (Cl. 16.)

Hors concours
(par application de la Convention).

Kreiss, Paris.

Grands prix.

Artus (Constant), Paris.
Bousquet (Dr), Paris.
Byla jeune, Gentilly.
Chambre syndicale des cultivateurs de champignons
   de France.
Charnelet (Ed.), Paris.
Emden, Paris.
Famelart (Auguste), Paris.
Lévy-Médart, Paris.
Verdier-Dufour et Cie, Paris.

Diplômes d'honneur.

Collectivité des exposants des Chambres de commerce d'Ajaccio et de Bastia (Corse).
  En participation :
    Bernardi, Patrimonio.
    Beveraggi (Benoist), Ajaccio.
    Bianchetti, Ajaccio.
    Blasini, Ile-Rousse.
    Boutin, régisseur de l'*Avenir de Capanelli.*
    Breganti (Jean-Thomas), Ile-Rousse.
    Campi, Ajaccio.
    Campi frères, Ajaccio.
    Campi (Colonel), Ajaccio.
    Capifali, Calvi.
    Cardinali, Ajaccio.
    Caritoux, Ajaccio.
    Casabianca (Joseph), Ile-Rousse.
    Chambre de commerce d'Ajaccio, Ajaccio.
    Chambre de commerce de Bastia, Bastia.
    Corbellini, Ajaccio.
    Cunéo d'Ornano (Dominique), Ajaccio.
    Daval, Ajaccio.
    Franceschini, Afa.
    Garcain, Ajaccio.
    Gelomini, Patrimonio.
    Giordani (Dr), Ajaccio.
    Gislain (de) Ajaccio.
    Guiderdoni, Calcateggio.
    La Carosaccia, Ajaccio.
    Landry, Calvi.
    Langlois et Cie, Ajaccio.
    Lanzalavi, Costa.
    Lingenieur, Bastia.
    Lorenzi (Félicien), Potichio.
    Luca (de), Ajaccio.
    Melgrani, Cuttoli-Cartichiata.
    Meyer, Ajaccio.
    Muzio-Olivi (Hippolyte), Ile-Rousse.
    Peretti Memmo, Sartène.
    Pérodin (Mme), Alata.
    Pugliesi (J.), Ajaccio.
    Pugliesi-Conti (de), Ajaccio.
    Salvani (Jean-Ambroise), Santa-Reparata de
      Bologna.
    Santini (J.), Appietto.
    Selancy (de), Ajaccio.
    Stephanopoli de Commene (G.), Ajaccio.
    Storti (Joseph), Ile-Rousse.
    Valéry (comte), Ile-Rousse.
    Versini (Dominique), Ajaccio.
    Vico (Dr), Ajaccio.
    Ville de Bastia (Corse).
    Vincenti (Dr), Ajaccio.
    Vivarelli, industriel, Ajaccio.
Fillot (Henri), Paris.
Guillon (Philbert), Paris.
Meuret (E.) (M^on Meuret-Manière), Gémeaux (Côte-
   d'Or).
Raynaud, Biarritz (Basses-Pyrénées).
Société anonyme des savons neutres, Pantin (Seine).

Médailles d'or.

Beytout et Cisterne, Paris.
Boulanger (E.), Paris.
Commune de Montségur (Drôme).
Commune de Recherenches (Vaucluse).
Derbecq, Paris.
Giraud (Léon), Paris.
Josset Frères, Paris.
Koehly (Joseph), Paris.
Lanneberine, Paris.
Latour (Maurice), Sainte-Cécile (Vaucluse).
Mauric (Pierre-Auguste), Tulette (Drôme).
Sossler (L.), Paris.
Tramu (Alfred), Menton (Alpes-Maritimes).
Thouvenin (Dr.), Bonnelles (Seine-et-Oise).

Médailles d'argent.

Bastardie (Albert), Martel (Lot).
Berger (Ismaël), La Varenne-Saint-Hilaire (Seine).

Carles (L. V⁰ Devise), Viennes (Vaucluse).
Chapeyron (A.-J.), Puy-Bousin, par Sorges (Dordogne).
Coste (M.), Montségur (Drôme).
François-Mang, Nantes.
Guerre, Saint-Saturnin-lès-Apt (Vaucluse).
Marie (A.) et Rolland (P.), Avignon (Vaucluse).
Masceré (P.), Paris.
Pradel (Dʳ Louis), Sorges (Dordogne).
Seu de Rouville (Raoul), Rochegude (Drôme).
Société scientifique des pharmaciens du Sud-Est, Avignon.
Vigneron-d'Heucqueville (J.), Rouen.

Médailles de bronze.

Ginner et Cᵒ, Cannes (Alpes-Maritimes).
Jourdan (U.), Montségur (Gironde).
Raffin, Brides-les-Bains (Savoie).

CLASSE 42.

Insectes utiles et leurs produits.
Insectes nuisibles.

(Groupe VII.)

Hors concours (Membres du Jury).

Clément (Armand-Lucien), Paris.
Laurent-Opin (Étienne), Laon (Aisne).

Hors concours
(par application de la Convention).

Chardin (Auguste), Martigny-les-Bains (Vosges).
Moret (Ernest), Tonnerre (Yonne).
Pommery (Edmond), Le Nouvion-en-Thiérache (Aisne).

Grands prix.

Dumont (Albert), Salouël, par Saleux (Somme).
Duval-Trépied, Mesnil-sur-l'Estrée (Eure).
Noblecourt (Narcisse), Chambry (Aisne).
Robert (Louis), Pithiviers (Loiret).
Société d'apiculture et d'insectologie agricole de l'Aisne, Laon (Aisne).
Société entomologique de France, Paris.
Tioffay père et fils, Bisseuil, par Tours-sur-Marne (Marne).
Troubat et Cⁱᵉ, Montluçon (Allier).

Diplômes d'honneur.

Brancourt (Éloi-Joseph), Crécy-sur-Serre (Aisne).
Lépicier (Ambroise), Mâchecourt, par Liesse (Aisne).
Levasseur (Louis-Jacques-Albert), Illiers-l'Évêque (Eure).
Robert-Aubert (L.), Saint-Just-en-Chaussée (Oise).

Médailles d'or.

Cayatte (L'abbé), Nouillonpont, par Spincourt (Meuse).
Desrotour (Mᵐᵉ), Laon (Aisne).
Fédération des Sociétés françaises d'apiculture, Paris.
Iches (Lucien), Paris.
Mennechet (Jean-Baptiste-Donat), Macquigny (Aisne).
Ondedieu (Baptiste), Laon (Aisne).

Médailles d'argent.

Bernet (Marcel), Saint-Pouange (Aube).
Borin (Jules), Spincourt (Meuse).
Delfolie (Henri), Soupir, par Vailly-sur-Aisne (Aisne).
Fourgny-Gaëtan, Chéry-les-Pouilly (Aisne).
Kirsch (Arthur), Poiseul-la-Ville (Côte-d'Or).
Lefèvre (Mᵐᵉ Marie-Cécile-Alix), Presles et Thierny (Aisne).
Lempernesse (Arthur-Virgile), Coucy-le-Château (Aisne).
Pilot (Étienne), Paris.
Sonnier (Albert), Charny (Seine-et-Marne).

Médailles de bronze.

Rosemann (M.), Paris.
Société *l'Ordre de la mouche à miel*, Mesnil-sur-l'Estrée (Eure).

CLASSE 43.

Matériel et procédés
de l'horticulture et de l'arboriculture.

(Groupe VIII.)

Hors concours (Membres du Jury).

Chatenay (Abel), Paris.
Méry-Picard, Paris.

Grands prix.

Ballet (Charles), Troyes (Aube).
Denaiffe (Henri), Carignan (Ardennes).
Martinet, Paris.
Redont (Édouard), Paris.
Société nationale d'horticulture de France, Paris.
Tissot (J.-Cl.), Paris.
Touret (Eugène), Paris.
Ville de Paris; Service des Fêtes et des Expositions municipales, Paris.

Diplômes d'honneur.

Bocquet, Paris.
Société nationale d'horticulture de France (Section des Beaux-Arts), Paris.
Société pomologique de France, Lyon.

Médailles d'or.

Bernel-Bourette, Paris.
Beusnier (Eugène), Saint-Cloud (Seine).
Fontaine-Souverain, Dijon.
Gravereaux (Jules), L'Hay (Seine).
Lhomme-Lefort, Paris.
Tassain (L'abbé), Plessis-de-Roye (Oise).

Médailles d'argent.

Gaigneron (Mᵐᵉ Vᵛᵉ L.), Lyon.
Linossier (Marius), Paris.
Peignon, Paris.
Perrier, Paris.

Mention honorable.

Société d'horticulture des cantons de Palaiseau, Chevreuse et Limours, Orsay (Seine-et-Oise).

Classe 44.

Plantes potagères.

(Groupe VIII.)

Hors concours (Membre du Jury).

Cayeux et Le Clerc *(Cayeux)*, Paris.

Médailles d'or.

Compoint (Guillaume), Saint-Ouen (Seine).
Renaudin, Sceaux (Seine).

Classe 45.

Arbres fruitiers et fruits.

(Groupe VIII.)

Hors concours (Membres du Jury).

Nomblot-Bruneau, Bourg-la-Reine (Seine).
Pinguet-Guindon, La Tranchée, près Tours (Indre-et-Loire).

Grand prix.

Croux et fils, Châtenay (Seine).

Diplômes d'honneur.

Leconte aîné (Henri), Paris.
Lecointe (Amédée) et Martin, à Louveciennes (Seine-et-Oise).

Classe 46.

Arbres, arbustes, plantes et fleurs d'ornement.

(Groupe VIII.)

Hors concours (Membres du jury).

Nonin (Auguste), Châtillon-sous-Bagneux (Seine).
Vacherot, Billancourt (Seine).

Cayeux et Leclerc, Paris (Cl. 44).
Chatenay (Abel), Vitry (Cl. 43).
Gravereau (A.), Neauphle-le-Château (Cl. 48).

Hors concours
(par application de la convention.)

Bruant (Georges), Poitiers.
Lagrange, Oullins (Rhône).

Grands prix.

Goyer (René), Limoges (Haute-Vienne).
Guillot, Lyon-Montplaisir.
Millet et fils, Bourg-la-Reine (Seine).
Pernet-Ducher (J.), Vénissieux-lès-Lyon (Rhône).
Rothberg (Ad.), Gennevilliers (Seine).
Vilmorin-Andrieux et Cⁱᵉ, Paris.
Ville de Paris : Établissements horticoles, Boulogne-sur-Seine.

Diplômes d'honneur.

Lévêque et fils, Ivry (Seine).
Moser et fils, Versailles (Seine-et-Oise.)

Médailles d'or.

Croibier (G.) et fils, Moulin-à-Vent, près Lyon
  (Rhône).
Fortin et Laumonier (M⁰ⁿ Férard), Paris.
Pépinières Louis Leroy (Lucien Levavasseur, direc-
  teur), Angers (Maine-et-Loire).
Voraz (M⁰ⁿ Molin), Lyon.

Médaille d'argent.

Guillaud (Aug.), Le Grand-Lemps (Isère).

CLASSE 48.

*Graines, semences et plants de l'horticulture
et des pépinières.*

(Groupe VIII.)

Hors concours (Membres du Jury).

Denaiffe, Carignan (Ardennes).
Gravereau (Auguste), Neauphle-le-Château (S.-et-O.).

———

Cayeux et Le Clerc, Paris (Cl. 44).

CLASSE 49.

*Matériel et procédés des exploitations
et des industries forestières.*

(Groupe VIII.)

Hors concours (Membres du Jury).

Benex (Albert), Ivry-Port (Seine).
Pierrain (Charles) fils, Paris.

———

Hollande (Jean), Paris (Cl. 50).
Rachet (Georges), Paris (Cl. 50).

Grands prix.

Rigaut (Mᵐᵉ Louis), Paris.
Salignat (Ch.), P. Simon et Loth (André Loth, succⁿ),
  Paris.

Diplôme d'honneur.

Sébastien frères, Paris.

CLASSE 50.

*Produits des exploitations et des industries
forestières.*

(Groupe IX.)

Hors concours (Membres du Jury).

*Dans les raisons sociales, les noms de MM. les Jurés
sont en italique et placés entre parenthèses.*

Hollande (Jean), Paris.
Poupinel et Parent (*Paul Poupinel*), Paris.
Rachet (Georges), Paris.

Grands prix.

Dumont (Édouard), Paris.
Meurisse frères, Lille (Nord).
Rigaut (Mᵐᵉ Louis), Paris.
Société anonyme des Forêts de la Calle, Paris.
Thiercelin et Boissée, Paris.

Diplômes d'honneur.

Ausseur et Hipp, Paris.
Bernot (Charles) et Cⁱᵉ, Paris.
Chatelet (Jules), Paris.
Chenue (Pierre), Paris.
Mathieu (Arthur), Aubervilliers (Seine).
Préaudat (Émile), Courbevoie (Seine).
Sébastien frères, Paris.

Médailles d'or.

Carpentier (Gaston), Villers-Cotterets (Aisne).
Entrepôt d'Ivry, Paris.
Ganot (Alphonse), Paris.
Lacarrière (Raymond), Noyon (Oise).
Pitet (Sylvain), Paris.

Médailles d'argent.

Adrian (Arsène), Blamont (Meurthe-et-Moselle).
Catelin (Louis), Paris.

CLASSE 51.

Armes de chasse.

(Groupe IX.)

Hors concours (Membres du Jury).

Dans les raisons sociales, les noms de MM. les Jurés sont en italique et placés entre parenthèses.

Berthon frères (*Berthon*) Saint-Étienne (Loire).
Chobert (Léon), Paris.
Darne (Régis), Saint-Étienne (Loire).
Manufacture française d'armes et cycles (*Ét. Mimard*), Saint-Étienne (Loire).
Riéger (Henry), Paris.

Hors concours
(par application de la Convention).

Didier et Cie, Saint-Étienne (Loire).
Société française des munitions, Paris.

Grands prix.

Aubin père et fils, Paris.
Cartoucherie française, Paris.
Chambre de commerce de Saint-Étienne (Banc d'Épreuve des armes à feu), Saint-Étienne (Loire).
École pratique de commerce et d'industrie, Saint-Étienne (Loire).
École régionale des arts industriels, Saint-Étienne (Loire).
Gastinne-Renette (Paul), Paris.
Lacroix, Paris.
Zavattero frères. Saint-Étienne (Loire).

Diplômes d'honneur.

Aurouze (E.), Paris.
Borgeron et Girodet, Saint-Étienne (Loire).
Clair frères, Saint-Étienne (Loire).
Delhorme (Louis), Saint-Étienne (Loire).
Roux, Saint-Étienne (Loire).

Médaille d'or.

Flobert (Paul), Paris.

Médailles d'argent.

Chaux, Montignac (Dordogne).
Joblin, Paris.

CLASSE 52.

Produits de la chasse.

(Groupe XIII-B.)

Hors concours (Membres du Jury).

Dans les raisons sociales, les noms de MM. les Jurés sont en italique et placés entre parenthèses.

Corby (Th.-L.), Paris.
Chapal frères et Cie (*Émile Chapal*), Paris.
Jungmann (F.) et Cie (*Ch. Hanau*), Paris.
Révillon frères (*Victor Révillon*), Paris.
Ruzé et Cie (*Eugène Ruzé*), Paris.

———

Chanel et Cie (*Cl. Chanel*), Paris (Cl. 115 - A).
Storch (Léon), Paris (Cl. 85).

Grands prix.

Billaud, Fillias et Cie, Paris.
Dolat et Cie, Paris.
Grison et Cie, Paris.
Grunwaldt (P.-M.), Paris.
Gurchowitch et Cie, Asnières (Seine).
Lafrique (J.), Paris.
Valenciennes frères, Paris.

Diplôme d'honneur.

Borduge (Émile), Paris.

Médailles d'or.

Pédailles et Cie, Paris.
Roubault frères, Paris.
Gaudebert (G.), Paris.

Médailles d'argent.

Bergström (H.), Paris.
Fournier et Cie, Paris.
Guttmann (J.), Paris.
Pommé (P.), Paris.
Collectivité de la Pelleterie :
    En participation :
      Beaujeu (C.), Paris.
      Goetze frères, Paris.
      Grand (L.), Paris.
      Kégel (C.), Paris.
      Ullmann (J.), Paris.

Médailles de bronze.

Dunand et Denariez, Paris.
Fourrures Max, Paris.
Gadenne-Gruhier, Bar-sur-Aube (Aube).
Harley, Saint-Maur (Seine).
Maury (M.), Paris.
Schweiger (L.), Paris.

CLASSE 53.

Aquiculture et Pêche.

(Groupe IX-B.)

Hors concours (Membres du Jury).

Dans les raisons sociales, les noms de MM. les Jurés sont en italique et placés entre parenthèses.

Blanchard (Prof Raphaël), Paris.
Leprince (Dr Maurice), Paris.
Ligneau de Séréville (L.), Saint-Just-en-Chaussée (Oise).
Paisseau (Eugène), Paris.
Pérard (J.), Paris.
Ramowitz (Ch.-Alex.), Paris.
Raux, Caill et Cie *(Gust. Caill)*, Paris.
Tréfeu, Paris.

Hors concours
(par application de la Convention).

Comité d'études et de patronage pour l'amélioration du sort des marins pêcheurs, Paris.
Giard (Prof Alfred), Paris.
Perez (Charles), Bordeaux.
Perrier (Edmond), Paris.
Société centrale d'aquiculture et de pêche, Paris.
Société de l'enseignement professionnel et technique des pêches maritimes, Paris.
Zang (Charles), Paris.

Grands prix.

Dagry (Alphonse), Paris.
Jouhin (Prof), Paris.
Laboratoire de Saint-Vaast-la-Hougue (Manche).
Laboratoire de Roscoff (Finistère).
Léger (Louis), Grenoble (Isère).
Ministère du Commerce et de l'Industrie (Direction du personnel, de la marine marchande et des transports : Service de la marine marchande), Paris.

Ministère du Commerce et de l'Industrie (Direction de l'enseignement technique), Paris.
Ministère de la Marine : Direction de la navigation et des pêches maritimes (Bureau des pêches — Service scientifique des pêches — Mission du cadastre ostréicole), Paris.
Ochsé (Albert), Paris.
Roule (Prof Louis), Toulouse (Haute-Garonne).
Thuillier-Buridard (P.), Vignacourt (Somme).
Syndicat central des Pêcheurs à la ligne de France, Paris.

Diplômes d'honneur.

Gournay-Hedouin, Le Portel (Pas-de-Calais).
Hallez (Paul), Le Portel (Pas-de-Calais).
Raveret-Wattel, au Nid-du-Verdier et Paris.
Robillard (Édouard), Paris.
Société nationale d'acclimatation de France, Paris.

Médailles d'or.

Antony (Dr), Paris.
Artozoul (J.-B.), Carcassonne (Aude).
Bouville (de), Nancy (Meurthe-et-Moselle).
Chanudet (Vve), Paris.
Coutière (Prof H.), Paris.
Mazoyer (A.), Nevers (Nièvre).
Macpherson et Billy, Paris.
Nicolas (Eugène), Concarneau (Finistère).
Pellegrin (Dr J.), Paris.
Perdrizet (Paul), Paris.
Porral (A.-J.), Paris.
Sépé (Georges), Bordeaux.

Médailles d'argent.

Adler et Cie, Paris.
Comité de l'Expédition arctique, Paris.
Cozette (P.), Noyon (Oise).
Delmas frères, Bouailles (Seine-Inférieure).
Grandin (Louis), Paris.
Hugon (Edouard), Savigna (Jura).
Muratet (Léon), Bordeaux.
Nicolas (Joseph-Francis), Audierne (Finistère).
Rathelot (Félix), Montrouge (Seine).
Rougier, Ile Tudy (Finistère).
Société « La Gaule », Grenoble (Isère).
Société d'océanographie du Golfe de Gascogne, Paris.

Médailles de bronze.

Despréaux jeune et fils, Paris.
Dooms, Paris.
Le Bras, Pont-Croix (Finistère).
Polydor (J.), Paris.
Rivoal (Aug.-M.), Douarnenez (Finistère).

Mention honorable.

Foulon (Paul), Nantes (Loire-Inf.).

CLASSE 55.

Matériel et procédés des industries alimentaires.

(Groupe X - A.)

Hors Concours (Membres du Jury).

Dans les raisons sociales, les noms de MM. les Jurés sont en italique et placés entre parenthèses.

Durafort et-fils, *(Victor Durafort)*, Paris.
Guéret (C.) et Cⁱᵉ, *(Alfred Bonet)*, Paris.
Martine (G.) et Cⁱᵉ, *(G. Martine)*, Lille (Nord).
Savy (A.), Jeanjean et Cⁱᵉ, *(A.-H. Savy)*, Paris.

Grands prix.

Béghin (F.), Thumeries (Nord).
Crépelle-Fontaine, la Madeleine-lez-Lille (Nord).
Cusson (G.-A.) frères et Cⁱᵉ, Châteauroux (Indre).
Douane (Maurice), Paris.
Guillaume (Émile), Paris.
Kestner (P.), Lille (Nord).
Ringuet (Eugène), Paris.
Société anonyme des Établissements Egrot, Paris.
Société anonyme des Établissements A. Maguin, Charmes (Aisne).
Société anonyme des fourneaux Briffault, Paris.

Diplômes d'honneur.

Bréhier et Cⁱᵉ, Paris.
Jacquemin G., Malzéville (Meurthe-et-Moselle).
Lapointe (G.-J.) et Derain, Paris.
Mollet, Fontaine et Cⁱᵉ, Lille (Nord).
Renaud, Lévêque et Cⁱᵉ, Paris.
Vidal-Marly (E.), Montauban (Tarn-et-Garonne).

Médailles d'or.

Gagé (S.), Paris.
Société des Cheminées Silbermann, Paris.

Médaille de bronze.

Bernat (Henri), Carmaux (Tarn).

CLASSE 56.

Produits farineux et leurs dérivés.

(Groupe X - A.)

Hors concours (Membres du Jury).

Dans les raisons sociales, les noms de MM. les Jurés sont en italique et placés entre parenthèses.

Ferrand, Renaud et Cⁱᵉ *(Ferdinand Ferrand)*, Lyon (Rhône).

———

Virat (Gustave), Paris (Cl. 57).

Grands prix.

Bertrand et Cⁱᵉ, Lyon (Rhône).
Bloch (L. et E.) fils, Paris.
Brusson jeune, Villemur (Haute-Garonne).
Chassaing et Cⁱᵉ, Paris.
Société Aulagnon, Saint-Étienne (Loire).

Diplômes d'honneur.

Royer (Albert), Paris.
Sossat frères, Nogent-sur-Seine (Aube).

Médaille d'or.

Société « La Céravène », Paris.

CLASSE 57.

Produits de la boulangerie et de la pâtisserie.

Groupe (X - A.)

Hors concours (Membres du Jury).

Dans les raisons sociales, les noms de MM. les Jurés sont en italique et placés entre parenthèses.

Biscuits Pernot *(G. Richard)*, Dijon (Côte-d'Or).
Biscuits Georges *(Jean Estieu)*, Courbevoie (Seine).
Virat (Gustave), Paris.

Grands prix.

Brusson jeune, Villemur (Haute-Garonne).
« La Boulangerie française » (Union des Syndicats de la Boulangerie française), Paris.
Sigaut (Veuve J.) et Cⁱᵉ, Paris.

Diplôme d'honneur.

Compagnie française des levure, alcool et drèchure de graines, Amiens (Somme).

Médailles d'or.

Besseault, Argenteuil (Seine).
Boureille, Choisy-le-Roi (Seine).
Briet, Le Bourget (Seine).
Chauveau et Cⁱᵉ, Ivry (Seine).
Cochery, Montfermeil (Seine-et-Oise).
Cordier, Chelles (Seine-et-Marne).
Crochard, Saint-Denis (Seine).
Darche, Montreuil (Seine).
Fiot, Montreuil (Seine).
Lamotte, Bellevue (Seine-et-Oise).
Lebouc, Clichy (Seine).
Lesueur, Boulogne (Seine).
Morère, Levallois (Seine).
Paré, Nangis (Seine-et-Marne).
Pichot, Vincennes (Seine).
Ronsseray, Bourg-la-Reine (Seine).
Ronsseray (Georges), Bondy (Seine).
Soyer, Neuilly-sur-Seine.
Vérain, Fontenay-en-Parisis (Seine-et-Oise).

CLASSE 58.

Conserves de viande, de poissons, de légumes et de fruits.

(Groupe X-A.)

Hors concours (Membres du Jury).

Dans les raisons sociales, les noms de MM. les Jurés sont en italique et placés entre parenthèses.

Bayle fils frères (*Charles Bayle*), Bordeaux.
Chevallier-Appert (R.), Paris.
Grosse et Cahon (*Jules Cahen*), Paris.
Prevet (Charles) et Cⁱᵉ (*Jules Prevet*), Paris.
Raynal et Roquelaure (*Hippolyte Raynal*), Capdenac.

Hors concours
(par application de la Convention).

Société des Établissements Arsène Saupiquet, Nantes.

Grands prix.

Garres (Veuve) jeune et fils, Bordeaux.
Pellier frères, Le Mans.
Rödel et fils frères, Bordeaux.
Teyssonneau (Ch.) jeune, Bordeaux.

Diplômes d'honneur.

Damoy (Julien), Paris.
Fontaine (Lucien), Paris.
Fournier-Olida et Cⁱᵉ, Paris.
Hottot (Eugène), Paris.
Isnard (Pierre) et fils, Nice.
Lecourt (François), Sèvres.
Mosser (Veuve) et Elbel, Nancy.
Petitjean fils et H. Vergnet, Paris.
Picou (Veuve Gustave), Saint-Denis.
Tivollier, Toulouse.

Médailles d'or.

Barbier (Georges), Paris.
Daburon frères, Paris.
Gendreau-Morin et Cⁱᵉ, La Roche-sur-Yon.
Griffon-Papillon et Cⁱᵉ, Cholet.
La Controise, à Contres (Loir-et-Cher).
La Nationale (Établissements Louis Gélis-Didot), Aubervilliers.
Soubiran (L.-G), Pont-de-la-Maye, Bordeaux.

Médaille d'argent.

Ancelin (Henri), Cognac.

CLASSE 59.

Sucres et produits de la confiserie; condiments et stimulants.

(Groupe X-A.)

Hors concours (Membres du Jury).

Dans les raisons sociales, les noms de MM. les Jurés sont en italique et placés entre parenthèses.

Beauvais (Auguste), Paris.
Maison Marquis, Siraudin (*Charles Dufresne*), Paris.
Mignot (S.), Reims.
Nègre (Jules), Grasse (Alpes-Maritimes).
Potin et Cⁱᵉ (*Julien Potin*), Paris.
Société anonyme des Chocolats Lombard (*Louis Gérard*), Paris.
Société et Sucrerie Ternynck (*Émile Ternynck*), Chauny (Aisne).

Grands prix.

Bouchon, Nassandres (Eure).
Menier (Gaston), Paris.
Poupon (G.-H.), Dijon.
Société des Sucreries et Raffineries Say, Paris.

Collectivité du Syndicat des Fabricants de sucre de France, Paris :

En participation :

Bernot et fils, Ham (Somme).

Caullet et Cie, Haspres (Nord).

Compagnie sucrière de Monchy-Lagache (Somme).

Dubois (Ed.) et Cie, Boiry-Sainte-Rictrude (Pas-de-Calais).

Fabrique centrale de sucre de Meaux, Villenoy (Seine-et-Marne).

Garry (Gaston) et Cie, Rue (Somme).

Guillebon (G. de) et Cie, Boistrancourt (Nord).

Haussy (d') fils, Artres (Nord).

Hélot (Jules), Noyelles-sur-Escaut (Nord).

Jeronnez (A.) et Cie, Cattenières (Nord).

Labruyère (H.) et Cie, Roye (Somme).

Mallez et Cie, Solesmes (Nord).

Pecqueux (L.) et Cie, Villers-Saint-Christophe (Aisne).

Quarez (Rodolphe), Hesdin (Pas-de-Calais).

Société anonyme de la sucrerie-distillerie de Francières (Oise).

Sucrerie anonyme de Berneuil-sur-Aisne (Oise).

Sucrerie anonyme de Masny (Nord).

Sucrerie de Berlaucourt-Épourdon (Aisne).

Sucrerie centrale de Cambrai, Escandœuvres (Nord).

Sucrerie centrale de Pouilly-sur-Serre (Aisne).

Société sucrière anonyme de Marle (Aisne).

Société sucrière d'Anizy-Pinon (Aisne).

Société sucrière de Chevresis-Monceau (Aisne).

Collectivité des vinaigriers d'Orléans :

En participation :

Bardin.

Bouchery (R.).

Budin-Delasalle.

Daudier et Cie.

Dessaux (Georges).

Gauthier (Paul).

Séjourné-Barué.

Wilmart fils.

Diplômes d'honneur.

Braquier (Léon), Verdun.

Garcet et Tremblot, Yvetot (Seine-Inférieure).

Jacquin (A.) et Cie, Paris.

Lagaye (Antoine), Clermont-Ferrand.

Moureaux et Drunard, Pantin (Seine).

Rebours et fils, Troyes.

Rouzaud, Royat (Puy-de-Dôme).

Tandeau et Caron (Maison Maille), Neuilly-sur-Seine.

Vinay (Pierre), Ivry-sur-Seine.

Médailles d'or.

Bannier (Émile), Paris.

Carraud (L.-G.), Paris.

Chabert (Pierre), Nice.

Fichot et Landrin, Paris.

Maison P. Dubosc (P. Robert, successeur), Paris.

Maître frères, Billancourt (Seine).

Négri-Pipoz (Société d'hygiène le), Paris.

Salavin (J.), Paris.

Médailles d'argent.

Balès (Marcel) et Cie, Toulouse.

Calvet (René), Saint-Raphaël (Var).

Médaille de bronze.

Saubens (les héritiers), Kerrata (Algérie).

CLASSE 60.

Vins et eaux-de-vie de vin.

(Groupe X-B.)

Classement par régions.

Première région : Seine, Seine-et-Oise, Seine-et-Marne, Oise.

Deuxième région : Champagne mousseux, vins mousseux.

Troisième région : Côte-d'Or, Saône-et-Loire, Rhône, Yonne, Meurthe-et-Moselle, Meuse, Vosges, Nord, Ain, Jura.

Quatrième région : Bordelais, Gironde, Dordogne.

Cinquième région : Charentes.

Sixième région : Calvados, Eure, Manche, Loire-Inférieure, Maine-et-Loire, Sarthe, Seine-Inférieure, Indre-et-Loire, Loir-et-Cher, Loiret.

Septième région : Gers, Armagnac, Pyrénées, Nièvre, Allier, Indre, Haute-Garonne, Lot-et-Garonne, Tarn, Puy-de-Dôme.

Huitième région : Languedoc, Roussillon, Midi.

Neuvième région : Corse.

Hors concours (Membres du Jury).

Dans les raisons sociales, les noms de MM. les Jurés sont en italique et placés entre parenthèses.

Albert-Morot *(Blandot)*, Beaune.

Alleau, Paris.

Audinet et Buhan *(Buhan)*, Bordeaux.

Barton et Guestier *(Daniel Guestier)*, Bordeaux.

Bary (Louis de), Reims.

Bastide-Vaissière (Camille), Aigues-Vives.
Blanchet (E.), Beauvais.
Bord (Georges), Cérons-Loupiac.
Bouteilleau et Cie, (G. Bouteilleau) Barbézieux.
Brunet (Raymond), Paris.
Calvet (J.) et Cie (Jean Calvet), Beaune-Bordeaux.
Chandon et Cie (Raoul Chandon), Épernay.
Chauut (Dr), Vosne-Romanée.
Charton (Cl.) fils, Beaune.
Chonion (Cl.), Meursault.
Colcombet frères (Colcombet), Dracy-le-Fort.
Couturat, Paris.
Damade, Bordeaux.
Delaage et Cie (Huet), Libourne.
Delbeck et Cie (R. de la Morinerie), Paris.
Delcous et Richard (Delcous), Charenton.
Desmarquest (Jean), Romanèche-Thorins.
Desmoulins (A.-M.), Paris.
Despujol et Picq (Picq), Libourne.
Domaine de Château-Latour (Ch. de Beaumont), Pauillac.
Domaine de Dauzac (Société civile du) (R. Johnston), Labarde.
Douat frères (R. Douat), Carbon-Blanc-Bordeaux.
Dubreuil, Gradignan.
Dumas (Francisque), Villefranche-sur-Saône.
Dumont (Ch.), Dijon.
Duquesnay (Albert), Lille.
Eschenauer et Cie (Lung), Bordeaux-Pessac.
Établissements Rouvière (Chapuis), Dijon.
Fougerat (Jean), Levallois-Perret.
Gérald (Georges), Condéon.
Giovetti, Bordeaux.
Goulet (Émile), Paris.
Gourdault, Paris-Bercy.
Gration et Meyer (Meyer), Saumur.
Hanier et Fils et Cie (Hanier fils), Paris.
Havy (B.), Paris.
Heidsieck (Ch.), Reims.
Heidsieck et Cie (Dr Luling), Reims.
Hennessy (James) et Cie Cognac. (James Hennessy).
Héritiers Bernard (James Maxwell), Sauternes.
Hine et Cie, Jarnac, (Th. Hine).
Jacoulot (Vincent), Romanèche-Thorins.
Johnston (Nathaniel) et Cie (Raoul Johnston), Saint-Julien.
Kurrer (E.), Saint-Denis.
Kester (G.), Charenton.
Lafond frères (H. Turpin), Rouen-Bordeaux.
Lardet, Mâcon.
Larue (A.), Paris.
Lawton (Ed.), Saint-Julien.
Leenhardt-Pommier (A.), Montpellier.
Lemétais (E.), Fécamp.
Lequeux (A.), Châlons-sur-Marne.
Lhôte (S.), fils, Dijon.

Lignon (Achille), Lyon.
Lunaret (Henri de), Montpellier.
Lur-Saluces (Comte de), Sauternes.
Malaquin (E.), Paris.
Martell et Cie (Édouard Martell), Cognac.
Martin (René), Joinville-le-Pont.
Marceau (Marcelin) (Jérôme Mauvigney), Bordeaux.
Mestrezat et Cie (Guillaume Mestrezat), Bordeaux.
Meyniac (C.) et Cie (Meyniac), Bordeaux.
Michel (Félix), Montpellier.
Minvielle (Mme Ve) (Michel Minvielle), Sainte-Croix-du-Mont.
Mommessin (Jean Mommessin), Charnay-les-Mâcon.
O'Scanlan et Mandeix (André Mandeix), Le Havre.
Otard (Baron), Cognac.
Pardon (Johannès), Paris.
Passemard (R.), Saint-Émilion.
Perrier (B.-E.), (Gab. Perrier), Châlons-sur-Marne.
Petit (P.), Auxerre.
Proust (G.), le Pré-Saint-Gervais.
Ramelot, Le Havre.
Ricard (Marcel), Léognan.
Richard et Muller (Bernex), Bordeaux.
Rocques (X.), Paris.
Rogée-Fromy, Saint-Jean-d'Angély.
Roos, Montpellier.
Rosenheim et fils (Rosenheim, Londres), Bordeaux.
Rouyer-Guillet et Cie (Guillet), Saintes.
Sabot (Albert), Paris.
Sarrazin (A.), Dijon.
Schröder et Schyler (Schyler), Bordeaux.
Sengès, Bordeaux.
Soualle (L.), Pont-Sainte-Maxence.
Taberne, Clapiers.
Uzac frères (Armand Uzac), Bordeaux.
Verneuil (Albert), Gémozac-Cozes.
Vert et Cie (Baptiste Vert), Jarnac.
Vignes, Narbonne.
Vilou (H.), Paris.
Vivier (Alph.), les Allards, par Cognac.

Potin et Cie (Julien Potin), Paris. (Cl. 59).
Quenot (Henri), Dijon. (Cl. 61).

Hors concours

(par application de la Convention).

Calvet (Mme Ve), Gradignan.
Hanier (Charles), Saint-Cloud.
Monis et Cie, Jarnac.
Ringuet (Eugène), Paris.
Uzac (Mme Ve), Mérignac.

PREMIÈRE RÉGION.

Seine, Seine-et-Oise, Seine-et-Marne, Oise.

Grands prix.

Chambre syndicale du commerce en gros des vins
et spiritueux, Paris.
Chambre syndicale des Courtiers-Gourmets, Paris.
En participation
    Allard (Jules).
    Andral (Julien).
    Cadot (C.).
    Coule (C.).
    Couturat (Ernest).
    Deshayes (Paul).
    Fortin (Ernest).
    Gérardin.
    Gimaray (Paul).
    Gouaux (Léon).
    Keene (Maurice).
    Lachambeaudie.
    Laperrière (A.).
    Lémonon (J.).
    Messenet-Blanchet.
    Paquet (Eugène).
    Tessier (Gabriel).
    Thozet (Félix).
    Vazeilles (Paul).
Chaudron frères, Paris.
Cotillon (B.) et Cie, Paris.
Cuvillier (A.) et Moreau (F.), Paris.
Dubosc (J.-G.), Paris.
Houdart et Valès, Les Lilas.
Loury et Guiraud, Paris.
Sibillotte, Paris.

Diplômes d'honneur.

Austruy (C.), Saint-Ouen.
Blonde (J.-R.), Paris.
Carré (René), Paris.
Decroze, Pont-Sainte-Maxence.
Defert (L.), Paris.
Fleutiaux (E.), Paris.
Girard (J.-B.), Paris.
Loubert (G.), Paris.
Maupassant (comte de), Paris.
Mégret (A.), Paris.
Moreau (J.), Paris.

Paillard (Paris.
Saillard, Paris.
Scaliet (J.), Paris.

Médailles d'or.

Baron (Ch.), Paris.
Caillat (E.), Paris.
Chevallier (Ed.-Em.), Paris.
Demagnez (Eugène), Paris.
Genicoud (Léon), Paris.
Jarlauld (veuve), L. Jarlauld et Cie, Paris.
Jauzin aîné, Grand-Montrouge.
Joninon (Léon), Paris.
Langlois-Fournier, Sarcelles.
Laroche et Marc, Paris.
Luppé (Marquis de), Paris.
Luzarche d'Azay, Paris.
Morel frères, Charenton.
Noulens (Joseph), Paris.
Renucci (Sébastien), Paris.
Saulon, Pont-Sainte-Maxence.
Solères, Paris.
Valette (A.), Levallois-Perret.

Médailles d'argent.

Castagnon (Jean), Paris.
Cès frères, Charenton.
Coelier (Émile), Paris.
Faucheux (A.), Paris.
François (G.), Bois-le-Roi.
Gouin frères, Paris.
Halphen (Mme), Paris.
Henry et Richard, Paris.
Lacoste frères et Gillot, Paris.
Perdrier et Godin, Paris.
Rosset (N.) et Jacquet, Paris.
Rouquette (E.), Paris.

Médailles de bronze.

Defforey (H.), Ivry-sur-Seine.
Deshayes (Louis), Montreuil-sous-Bois.
Flamant (Charles), Paris.
Lilaud, Colombu et Margerand, Paris.
Louy et Couvreur, Paris.
Postel et Lasnier, Charenton.

Mention honorable.

Gauss (L.), Nanterre.

DEUXIÈME RÉGION.

Champagne mousseux, vins mousseux.

Grands prix.

Ackermann-Laurance, Saint-Hilaire-Saint-Florent.
Syndicat des vins de Champagne, Reims.

En participation :

Ayala et Cⁱᵉ, Ay.
Billecart-Salmon (Billecart père et fils), Mareuil-sur-Ay.
Binet Fils et Cⁱᵉ (Vᵉ Binet et Fils et Cⁱᵉ), Reims.
Charles de Cazanove (Frank et Joseph de Cazanove), Avize.
De Saint-Marceaux et Cⁱᵉ (André Givelet et Cⁱᵉ), Reims.
Deutz et Geldermann (Lallier, Van Cassel, Durvin et Cⁱᵉ), Ay.
Dinet-Peuvrel et fils (G. Loche), Avize.
Duminy et Cⁱᵉ (Couvreur et Cⁱᵉ), Ay.
Farre (Ch.), Reims.
Fréminet et fils, Châlons-sur-Marne.
Giesler et Cⁱᵉ, Avize.
Goulet (George) (Vᵉ George Goulet et Cⁱᵉ), Reims.
Goulet (Henry) (Mareschal et Cⁱᵉ), Reims.
Irroy (Ernest) (Blondeau, Berque et Cⁱᵉ), Reims.
Krug et Cⁱᵉ, Reims.
Lanson père et fils, Reims.
Lecureux et Cⁱᵉ, Avize.
Montebello (duc de) (Alfred de Montebello et Cⁱᵉ), Mareuil-sur-Aÿ.
Mumm, (G.-H.) et Cⁱᵉ, Reims.
Perrier-Jouet et Cⁱᵉ (Gallice et Cⁱᵉ), Épernay.
Perrier (Joseph) fils et Cⁱᵉ (P. Pithois), Châlons-sur-Marne.
Piper-Heidsieck (Kunkelmann et Cⁱᵉ), Reims.
Pommery et Greno (Veuve Pommery fils et Cⁱᵉ), Reims.
Renaudin-Bollinger et Cⁱᵉ (J. Bollinger), Ay.
Roederer (Louis) (L. Olry-Roederer), Reims.
Roger (Pol) et Cⁱᵉ, Épernay.
Ruinart père et fils, Reims.
Veuve Clicquot-Ponsardin (Werlé et Cⁱᵉ), Reims.
Wachter et Cⁱᵉ, Épernay.
Syndicat des vins mousseux, Saumur.

En participation :

Amiot (Veuve), Saint-Hilaire-Saint-Florent.
Chapin et Cⁱᵉ, Saumur.
Charbonneau et Lehou, Saumur.
Chaussepied (Alexis), St-Hilaire-Saint-Florent.

De Lesseville frères, La Coulancières-Brain-sur-Allonnes.
De Neuville et Cⁱᵉ, Saint-Hilaire-Saint-Florent.
Tessier (G.) et Cⁱᵉ, Saumur.

Diplôme d'honneur.

Chauvel (C.), Reims.

Médailles d'or.

Jacquesson et fils, Châlons-sur-Marne.
Loche (A.-G.), Avize.
Meynel (G. de) et Cⁱᵉ, Saint-Émilion.

Médailles d'argent.

Carré fils (L. et E.), Avize.
Monnier (René), Paris.
Rouquette (E.), Paris.

Médailles de bronze.

Bichat (F.) et Cⁱᵉ, Reims.
Lehoult (Louis), l'Angenardière (Indre-et-Loire).

Mentions honorables.

Lavaivre, château de la Montée, par Charrin.
Mathieu (A.-B.), Gaillac.

TROISIÈME RÉGION.

Côte-d'Or, Saône-et-Loire, Rhône, Yonne, Meurthe-et-Moselle, Meuse, Vosges, Nord, Ain, Jura.

Grands prix.

Comice Agricole et Viticole, Nuits-Saint-Georges.
Guichard (A.), Chalon-sur-Saône.
Syndicat du Commerce en gros de la Côte-d'Or, Dijon.
Commune de Romanèche-Thorins.

En participation :

Alquié, Angoulême.
Bellicard, Romanèche-Thorins.
Boisson, Romanèche-Thorins.
Bonnaure (Paul), Lyon.
Bernard-Cottet, Les Thorins.
Caflin (Charles), Saint-Symphorien-d'Ancelles.
Chamonard (J.-B.), Romanèche-Thorins.

Delore (Docteur), Romanèche-Thorins.
Dailloux (A.), Belleville-sur-Saône.
Dufêtre (A.), Pontanevaux.
Foillard-Morel, Romanèche-Thorins.
Foillard (Claudius), Romanèche-Thorins.
Foillard (A.), Romanèche-Thorins.
Farget (Cl.), Les Thorins.
Frasson et Laneyrie, Romanèche-Thorins.
Guillon (P.-F.), Romanèche-Thorins.
Jandard (Alph.), Romanèche-Thorins.
Latour (Étienne), Romanèche-Thorins.
Loron (Auguste), Romanèche-Thorins.
Loron (Joannès), Charenton.
Malgontier, Pontanevaux.
Moura (Jules), Moulin-à-Vent.
Mullin, Lyon.
Philibert (Benoit), Paris.
Pondevaux (J.), Lyon.
Piron (Alexis), Tarare.
Ruet (Cl.), Moulin-à-Vent.
Sauzet (Paul), Lyon.
Sornay (Claude), Milly-Lamartine.
Tagent (Docteur H.), Romanèche-Thorins.
Thy de Milly (comtesse), Berzé-le-Châtel.
Chambre syndicale de Villefranche-sur-Saône.
Comité d'agriculture de Beaune et de viticulture de
   la Côte-d'Or.
   En participation :
      Angerville (marquis d'), Pommard.
      Bardollet-Guéneau (Félix), Santenay.
      Berrot (Alexandre), Beaune.
      Belin (Paul), Monthélie.
      Billet-Petitjean (Jules), Beaune.
      Blic (H. de), Pommard.
      Bouchard père et fils, Beaune.
      Grivault (Louis-Albert), Meursault.
      Grivot (Louis), Chassagne-Montrachet.
      Guinaumont (R. de), Cissey.
      Hospices de Beaune.
      Jolliot (Alfred), Bouze.
      Jossorand (Louis), Beaune.
      Marey-Monge (Mᵉˡˡᵉ), Pommard.
      Matrot frères, Evelle.
      Michelet (Henry), Beaune.
      Moingeon-Guéneau, Nuits-Saint-Georges.
      Montoy (L.-A.), Beaune.
      Moyne-Jacqueminot, Savigny-lès-Beaune.
      Naudin (Louis), Saint-Aubin.
      Poisot (Louis), Beaune.
      Ponnelle (Pierre), Beaune.
      Rougé (Paul), Beaune.
      Sambuy (comte de), Broye, par Autun.
      Sevrange-Germain, Corpeau.
      Tricaud (Mᵐᵉ de), Beaune.
Chambre syndicale des négociants en vins et spiritueux de Mâcon.

En participation :
   Barrat-Foulon, Prissé.
   Béranger-Paquier, Pouilly.
   Bernardet (Joseph), Vire.
   Bernardet (Prosper), Vire.
   Bois (Philippe), Pouilly.
   Collin et Bourisset, Crèches.
   Collin (Léon), Paris.
   Crozel, Romanèche.
   Dejoux, Pouilly.
   Duhost, Mâcon.
   Dutheil, Charnay.
   Faye, Mâcon.
   Ferret père et fils, Péronne.
   Fichet (Claude), Vire.
   Gaillardon (Veuve), Pouilly.
   Genairon, Saint-Romain.
   Gondard fils, Mâcon.
   Jandard, Romanèche.
   Laneyrie père et fils, Pontanevaux.
   Lapalus, La Croix-Blanche.
   Lapierre, Romanèche.
   Lemonon (Mᵐᵉ), Crèches.
   Lorin, Charnay.
   Loron (Eug.), Pontanevaux.
   Micollier, Péronne.
   Montaigu (de), Odenas.
   Morat (docteur), Lyon.
   Murard (de), Bresse-sur-Grosne.
   Poidebard, Regnie.
   Protat (G.), Mâcon.
   Silvestre, Chenas.
   Simorre, La Chapelle-de-Guinchay.
   Thomachot, Prissé.
   Trouilloux, Chanes.
   Virey, Monceau-Prissé.
Syndicat du Commerce en gros des vins et spiri-
   tueux de l'arrondissement de Beaune.
   En participation :
      Beaudet frères, Beaune.
      Bichot (A.-C.), Meursault.
      Bouchard aîné et Fils, Beaune.
      Brenot (Albert), Savigny-les-Beaune.
      Chanson frères et fils, Beaune.
      Dulac et Cⁱᵉ (A.), Meursault.
      Dumoulin aîné, Savigny-les-Beaune.
      Dupont et Dumatray, Beaune.
      Giroud (Camille), Beaune.
      Grapin (Paul), Meursault.
      Guibert et Fils, Ladoix-Serrigny.
      Jacqueminot (les fils de C.), Savigny-lès-Beaune.
      Labouré-Gontard, Nuits-Saint-Georges.
      Latour (Louis), Beaune.
      Lefèvre et Rémondet, Savigny-lès-Beaune.
      Martini-Rosé, Beaune.
      Morot (Albert), Beaune.

Pavelot (Louis), Pernand.
Sénard (Jules), Aloxe.
Theuriet (Gustave), Beaune.
Viennot (Roger), Savigny-lès-Beaune.
Chanson père et fils, Beaune.
Comice agricole et viticole de Gevrey-Chambertin.
Coste (Ferd.), Chenot (L.), Sorvet (Et.), Pommard.
Folliot (Jules), Chablis.
Folliot (Paul), Chablis.
Imbault-Deschamps, Pommard.
Latour (Louis), Beaune.
Ligeret, Nuits-Saint-Georges.
Maldant (A.), Chenôve-Ermitage.
Martini-Rosé, Beaune.
Matrot frères, Évelle.
Moreau, Chablis.
Moreau-Dumas, Belleville-sur-Saône.
Pinson-Lamarre, Chablis.
Pommier frères, Villefranche-sur-Saône.
Protat, Pouilly.
Rongé (Paul), Beaune.
Union agricole et viticole, Chalon-sur-Saône.

Diplômes d'honneur.

Ambal (Vᵛᵉ), Rully.
Angerville (marquis d'), Volnay.
Bassot fils (Thomas), Gevrey-Chambertin.
Besson-Perrault, Rully.
Billet-Petitjean, Beaune.
Bouchard aîné et fils, Beaune.
Brenot (Albert), Savigny-lès-Beaune.
Camuzet, Vosne-Romanée.
Chambre syndicale du commerce en gros des vins,
　Lyon.
Collin et Bourisset, Crèches.
Crozet, Romanèche.
De Barbuat et Le Reffay, Pommard.
De Blic-Hervé, Pommard.
Dupré (G.), Auxerre.
Sterne (G.), Nancy.
Syndicat viticole de la côte dijonnaise, Dijon.
Syndicat des viticulteurs de Pommard.
　En participation :
　　Barbuat (de) et Le Reffait, Sainte-Sabine.
　　Billard-Billard (Veuve), Pommard.
　　Billard-Léchenault, Pommard.
　　Boillot-Garnier, Pommard.
　　Collot, Mâcon.
　　Coste, Chenot et Sordet, Pommard.
　　Girardin (Robert), Pommard.
　　Gonnet, Pommard.
　　Guillemard-Voillot, Pommard.
　　Imbault-Deschamps, Meursault.
　　Jacquelin (Louis), Pommard.

Michelot-Dufour Fils, Pommard.
Moingeon-Ropiteau, Pommard.
Mussy-Dauphin, Pommard.
Naudin-Bonnardot, Pommard.
Parent (Joannès), Pommard.
Perrot de la Breuille, Abbeville.
Popille (Georges), Pommard.
Rivot (J.-B.) Fils, Pommard.
Rongé (Paul), Beaune.
Tartois-Arnoult, Pommard.
Tridon, Pommard.
Trioulaire-Micault, Beaune.
Société vigneronne de l'arrondissement de Beaune.
　En participation :
　　Boiveaux-Latour (Henri), Pernand.
　　Garraud Fils (L.), Beaune.
　　Gaesler-Noirot, Beaune.
　　Gerbeaut-Bougenot (Aphonse), Beaune.
　　Jacquelin (Louis), Pommard.
　　Javilliey-Raby (E.), Beaune.
　　Loiseau (Adolphe), Beaune.
　　Maldant (Charles), Savigny-lès-Beaune.
　　Maldant (Louis), Savigny-lès-Beaune.
　　Moingeon-Ropiteau, Savigny-lès-Beaune.
　　Mussy-Dauphin, Pommard.
　　Perdrier (Louis), Beaune.
　　Podechard (Louis), Beaune.
　　Ricard (Henri-Louis), Pommard.
　　Tavernier (Prosper), Meursault.
Berthelon frères, Lyon.
Buy (Joanny), Lyon.
Dessalle et fils, Belleville-sur-Saône.
Faye, Mâcon.
Gaillardon (V.), Pouilly.
Gonnet (B.), Pommard.
Grapin (Paul), Meursault.
Grivault (L.-A.), Meursault.
Laneyrie père et fils, Pontanevaux.
Lapalus, La Croix-Blanche.
Lefèvre et Rémondet, Savigny-lès-Beaune.
Lemonon, (Mᵐᵉ), Crèches.
Liger-Belair et fils, Nuits-Saint-Georges.
Loron (Eug.), Pontanevaux.
Marey-Monge (Mˡˡᵉ), Pommard.
Moingeon-Ropiteau, Savigny-lès-Beaune.
Montoy (L.-A.), Beaune.
Paquier-Desvignes, Saint-Lager.
Parent-Joannès, Pommard.
Petiot, Le Bourgneuf.
Pic (Albert), Chablis.
Picq-Bonnet, Chablis.
Régnier, Moser et Collette, Dijon.
Ricard (H. et L.), Pommard.
Sambuy (comte de), Chassagne.
Simonnet-Febvre et Cⁱᵉ, Chablis.
Tavernier (Prosper), Meursault.

Teil (baron du), Charnay.
Theuriet (Gustave), Beaune.
Thomachot, Prissé.
Tournier (Francisque), Lyon.
Tricaud (Comte de), Beaune.
Vienot, Premeaux.

Médailles d'or.

Auffray, Chablis.
Bardollet-Gueneau, Santenay.
Bartement (Eugène), Coulanges.
Barthold (Alphonse), Lagnieu.
Belin (Paul), Monthélie.
Belorgey (Édouard), Morey.
Bender, Odenas.
Berrod (Alexandre), Beaune.
Bichot (A.) et Cⁱᵉ, Meursault.
Billard-Lechenault, Pommard.
Boillot-Garnier, Pommard.
Boinet-Magnien, Gevrey-Chambertin.
Boiveau-Latour (H.), Pernand.
Bouhey-Allex, Dijon.
Caves Syndicales, Dijon.
Chamon-Garnier, Chablis.
Chanron (Pierre), Lyon.
Couillaut (Camille), Épineuil.
Depagneux (Antoine), Villefranche-sur-Saône.
Droin-Joussot, Chablis.
Dufaitre, Villefranche-sur-Saône.
Dulac (A.) et Cⁱᵉ, Meursault.
Dumoulin aîné, Savigny-lès-Beaune.
Dupont-Joanny, Villefranche-sur-Saône.
Faively (Paul), Vosne-Romanée.
Faugeau, Villeurbanne.
Gaessler-Noirot, Beaune.
Garnier (Robert), Nuits-Saint-Georges.
Garraud fils (L.), Beaune.
Giroud (Camille), Beaune.
Gondard fils, Mâcon.
Gouroux (Henri), Gevrey-Chambertin.
Groffier-Léger, Vosne-Romanée.
Gros-Renaudot, Vosne-Romanée.
Guinaumont (Roger de), Cissey.
Hélie (Henri), Chablis.
Jacqueminot (les fils de), Savigny-lès-Beaune.
Jacquemont (Michel), Lyon.
Jambon, Mâcon.
Jundard, Romanèche.
Japiot, Dijon.
Jorrot (Paul), Chambolle-Musigny.
Lambert (Marius), Anse.
Lamblin (René), Fixin.
Laporte (Eugène), La Roche.
Lebègue-Lina, Nancy.

Lorin, Charnay.
Magnien-Fleurot, Gevrey-Chambertin.
Malbranche, Vosne-Romanée.
Mercier F. La Bathie, Montgascon.
Merme-Morizot, Morey.
Michelot-Dufour fils, Pommard.
Moingeon-Gueneau, Nuits-Saint-Georges.
Moingeon-Ropiteau, Pommard.
Moissenet (H.), Gevrey-Chambertin.
Mongeard-Confuron, Vosne-Romanée.
Moniotti-Dessalle, Villefranche-sur-Saône.
Montaigu, Odenas.
Monternier, Cerció.
Moyne-Jacqueminot, Savigny-lès-Beaune.
Murard (de), Bresse-sur-Grosne.
Naudin (Louis), Saint-Aubin.
Pavelot (Louis), Pernand.
Perdrier (Louis), Beaune.
Pernot-Gille, Dijon.
Perret (François), Belleville-sur-Saône.
Perrot de la Breuille, Pommard.
Regnard-Hirot, Chablis.
Renard et Zacharie, Lyon.
Salavert (Andéol), Bourg-Saint-Andéol.
Savot (Adolphe), Chenove.
Simorre, La Chapelle-de-Guinchay.
Thénard (baron), Givry.
Trioulaire-Micault, Pommard.
Vial (Vincent), Belleville-sur-Saône.
Viennot (Roger), Savigny-les-Beaune.
Virey, Prissé.
Yvert (Comtesse), Rully.

Médailles d'argent.

Barrat-Foulon, Prissé.
Baliat, Lyon.
Béranger-Paquier, Pouilly.
Billard-Billard (veuve), Pommard.
Bresson (A.), Vosne-Romanée.
Camus, Gevrey-Dijon.
Carbillet (Louis), Épineuil.
Chaignet (J.), Auxerre.
Cherpé (Marius), Tain.
Choquenot (Justin), Chablis.
Clerget-Durand, Chambolle-Musigny.
Collot (Aug.), Pommard.
Couperot (A.), Fleys.
Couperot (Paul), Fleys.
Crépey (veuve), Chablis.
Debaix frères, Coulanges.
Dejoux, Pouilly.
Demole (Paul), Fleurie.
Desprez (Émile), Coulanges.
Drouhin frères, Gevrey-Chambertin.

Dupont et Dumatray, Beaune.
Fiché (Claude), Vire.
Fontagny (veuve), Dijon.
Foulet (Paul), Gevrey-Chambertin.
Galland-Lécrivain, Vosne-Romanée.
Genairon, Saint-Romain.
Gilles-Boiteux, Vosne-Romanée.
Gillot, Gevrey-Chambertin.
Girard-Renaud, Nuits-Saint-Georges.
Grey (veuve Étienne), Gevrey-Chambertin.
Grivelet (Ém.), Vosne-Romanée.
Grivot (Louis), Chassagne.
Grivot-Renevey, Vosne-Romanée.
Grosjean (E.), Lancié.
Groupe de Malain, Malain.
Guillemot (A.), Couchey.
Guillermin (E.), Buxy.
Guinaut (G.), Fleury.
Hyve (Louis), Meursault.
Jacquelin (Louis), Pommard.
Janniard, Nuits-Saint-Georges.
Javalet (veuve Paul), Auxerre.
Javelier-Laurin, Gevrey-Chambertin.
Javilley-Raby, Beaune.
Joliet (Henri), Fixin.
Jolliot (Alfred), Bouze.
Laboulay (Henri de), Buxy.
Lamarche-Confuron, Vosne-Romanée.
Lapierre, Romanèche.
Laporte (J.), Épineuil.
Largé-Méras, Brouilly.
Laribe (Louis), Épineuil.
Loiseau (Adolphe), Beaune.
Magnien-Tisserandot, Gevrey-Chambertin.
Marguerite-Séguin (Joseph), Vougeot.
Mercier (Chermette), Lyon.
Molleveaux, Chablis.
Morat (Dʳ), Dijon.
Naigeon-Chauveau, Gevrey.
Parisot-Stévignon, Chambolle-Musigny.
Payen (Jules), Épineuil.
Perron (J.-B.), Dijon.
Philippon (A.) fils, Gevrey.
Podechard (L.), Beaune.
Poidebard, Regnié.
Quillardet (Georges), Marsannay.
Reynard de Lagny (baron), Gevrey.
Robin (J.), Villié-Morgon.
Ronde (Dʳ), Coulanges.
Saint-Charles-Fleury (de), Saint-Étienne-la-Varenne.
Seguin-Detain (J.), Chambolle.
Silvestre, Chénas.
Simpée (Albert), Val-de-Mercy.
Tartois-Arnoux, Pommard.
Tisserandot (Édouard), Gevrey-Chambertin.
Trapet (Nicolas), Chambolle-Musigny.

Trapet-Petit, Chambolle-Musigny.
Trouilloux, Chanes.
Vincent (A.), Auxerre.

Médailles de bronze.

Arnoux-Mouillon, Vosne-Romanée.
Baillet-Renon, Joigny.
Bernardet (Joseph), Vire.
Bernardet (Prosper), Vire.
Bizouard (Louis), Marsannay.
Boichard (Claude), Perrigny.
Bois (Philippe), Pouilly.
Bonnaire (Paul), Combières.
Bouvier (Lazare), Perrigny.
Broichot-Guillemard, Pommard.
Chamord-Perreau, Chambolle-Musigny.
Changenot-Groffier, Fixin.
Chevillon (Paul), Gevrey-Chambertin.
Clerget (Émile), Fixin.
Collin, Paris.
Confuron-Bornot, Vosne-Romanée.
Courreaux-Thévenot, Puligny.
Crusseret, Fixin.
De Saint-Andéol, Bellefond.
Desbarres et Gentil, Brienon.
Dubost, Mâcon.
Droin (Camille), Chablis.
Ferret frères et fils, Péronne.
Gerbeaut (Alphonse), Beaune.
Girardin (Robert), Pommard.
Guibert et fils, Ladoix-Serrigny.
Guillot et Cⁱᵉ, Dijon.
Hélie (Ferdinand), Chablis.
Jailloux-Merle, Rully.
Janet (François), Fixin.
Joliet (Philippe), Perrigny.
Jourdan et Cⁱᵉ, Dijon.
Jovignot-Camuzet, Fixin.
Lapostolet (Eugène), Perrigny.
Laribe (G.), Épineuil.
Laroze (F.), Gevrey-Chambertin.
Le Mire, Fixin.
Maignot (Auguste), Morey.
Mangematin, Cortiambles.
Micollier, Péronne.
Mussy-Dauphin, Pommard.
Naudin-Bonnardot, Pommard.
Nicolle (V.), Épineuil.
Regnier de Nuits, Nuits.
Rivot fils, Pommard.
Rouget (Auguste), Géneaux.
Servange (Germain), Corpeau.
Sigault (Léon), Chambolle-Musigny.

Mentions honorables.

Albette (J.), Ronvray.
Bablot (G.), Toucy.
Bardoux (René), Migo.
Baroin-Monot, Bellefond.
Barroero, Bellefond.
Cambuzat-Roy, Auxerre.
Chapel (Victor), Gémeaux.
Coissieux (veuve), Chablis.
De Gémeaux, Gémeaux.
Gauthiot (Albert), Couchey.
Grandjean-Paquier, Bellefond.
Guillemard-Voillot, Pommard.
Guillot (Victor), Grand-Montrouge.
Hérard (Jean), Mercurey.
Lavier (J.-B.), Gevrey-Chambertin.
Miallot (Basile), Perrigny.
Naudet, Chablis.
Perreau et fils, Tonnerre.
Petot (Jules), Bellefond.
Popille, Pommard.
Tranchans (Victor), Épineuil.
Tridon (A.), Tronchey.
Trognon, Chablis.

Quatrième région.

Bordelais, Gironde, Dordogne.

Grands prix.

De Marignan-Monthel, Château Bel-Air (Saint-Émilion).
Dubois (Édouard), Château-Ausonne (Saint-Émilion).
Gaden (G.) et Klipsch, Bordeaux.
Johnston (N.) et fils, Bordeaux.
Lagarde (Georges), Sainte-Croix-du-Mont.
Pillet-Will (comte), Margaux.
Rothschild (barons Gustave, Edmond et Édouard de), Pauillac.
Rothschild (baron Henry de), Pauillac.
Syndicat du commerce en gros des vins et spiritueux de la Gironde.
Syndicat des Graves de Bordeaux.
Syndicat des grands crus classés du Médoc.
Syndicat des propriétaires de grands vins blancs de Sainte-Croix-du-Mont.
Syndicat régional agricole de Cadillac-Podensac et cantons limitrophes.
Syndicat viticole et agricole de Saint-Émilion.
Syndicat des vins de Sauternes.
Union syndicale des négociants en vins de Bordeaux.

Diplômes d'honneur.

Alibert (Marcel), Saint-Laurent.
Andrieu (veuve), Sainte-Croix-du-Mont.
Ballade (Bernard), Sainte-Croix-du-Mont.
Ballau (Léon), Sainte-Croix-du-Mont.
Barton (B.-H.-S.), Saint-Julien.
Barton (B.-H.-S.) (chât. Léoville), Saint-Julien.
Beaumartin (G.), Léognan.
Bellot des Minières (veuve), Léognan.
Berger (Georges), Cantenac.
Boissard-Rochefort, château Fonplégade, Saint-Émilion.
Bouffard (Ferdinand), château Pavie, Saint-Émilion.
Castéja (Eugène), Pauillac.
Cahuzac (M.), clos Fourtet, Saint-Émilion.
Cazeaux-Cazalet, Cadillac.
Chaperon, Le Cadet Piola, Saint-Émilion.
Charmolue (L.) Saint-Estèphe.
Cinto (veuve), Pessac.
Clauzel (René), Avensan.
Claverie (A.), Saint-Julien.
Colin Fils, Frères et Cⁱᵉ (Schröder et de Constans), Bordeaux.
Comice viticole et agricole de Cadillac.
Comtesse de Lalande, Pauillac.
Cruse et fils frères, Bordeaux.
Delor (A.) et Cⁱᵉ, Bordeaux.
De Luze et fils, Bordeaux.
Ducarpe (L.), château Beauséjour, Saint-Émilion.
Duffau (Dr.), château Beauséjour, Saint-Émilion.
Dufour de Raymond (comte), Léognan.
Dutrénit (J.) et Cⁱᵉ, Bordeaux.
Exposition collective des vins de la commune de Pauillac.
Guignard, château Canon, Saint-Émilion.
Hanappier et Cⁱᵉ, Bordeaux.
Jourau frères, Kappelhoff et Cⁱᵉ, Bordeaux.
Kressmann (Ed.) et Cⁱᵉ, Bordeaux.
Lalande (A.) et Cⁱᵉ, Bordeaux.
Lambert (Paulin), Sainte-Croix-du-Mont.
Larcher (S.) père et fils jeune, Bordeaux.
Lebègue (J.) et Cⁱᵉ, Cantenac.
Lerbs (J.-D.), Margaux.
Lopès-Diaz (J.), Bordeaux.
Martin-Mure et Ballot, Léognan.
Maurin (J. et B.), Bordeaux.
Montbron (comte de), Loupiac.
Montesquieu (la baronne Charles de), La Brède.
Paris (E.) et Damas, Bordeaux.
Picard et Demarquais, Sainte-Croix-du-Mont.
Pichon-Longueville (baron de), Pauillac.
Rapin (François), Loupiac.
Ricard (Albert), Léognan.
Rigaud (Mᵐᵉ Vᵉ Esther), Margaux.
Rolland (comte de), Sainte-Croix-du-Mont.

Roy (G.), Cantenac.
Sarget de Lafontaine (baronne), Saint-Julien.
Sèze (L.), Ludon.
Société civile Gruau-Larose-Faure-Bethmann, Saint-Julien.
Société Péreire, Cantenac.
Syndicat des vignerons, Loupiac.
Troplong (Ed.), château Troplong-Mondot, Saint-Émilion.
Ulrichs, Martillac.

Médailles d'or.

Adet, Seward et Cⁱᵉ, Bordeaux.
Anglade et Cⁱᵉ, Bordeaux.
Balaresque (H. et C.), Bordeaux.
Ballan (Camille), Loupiac.
Ballande, Villenave-d'Ornon.
Bellemer (Th.), Macau.
Bertauts-Couture (château Balestard), Saint-Émilion.
Bertrand (H.) et Cⁱᵉ, Bordeaux.
Beylot (Ch.) (château Peyraud), Saint-Émilion.
Biché-Latour (Th.) et fils, Bordeaux.
Boré (Sylvain), Loupiac.
Boshamer (Léon) et Cⁱᵉ, Bordeaux.
Calvé (Julien), Pauillac.
Cantegril (Albert), Listrac.
Capdemourlin (A.), Saint-Émilion.
Carbonnel (A.-B.), Léognan.
Castaing (Philippe), Moulis.
Cathala (D.-L.), Bordeaux.
Cazalet et fils, Bordeaux.
Chabaneau (Veuve), Cadaujac.
Chaigneau (J.) et Cⁱᵉ, Bordeaux.
Chaix d'Est-Ange, Margaux.
Chantecaille et Cⁱᵉ, Bordeaux.
Chassaigne (comte de la), Loupiac.
Chaumette (Gaston), Sainte-Croix-du-Mont.
Danglade (L.) et fils, Libourne.
Delaunay (Eugène), Macau.
Denmann et Cⁱᵉ (James-L.), Château-Livran (Saint-Germain-d'Esteuil).
Douat (Dominique), Listrac.
Dubos (J.-P.), Mâcon.
Ducau (Camille), Loupiac.
Dugoua (Jean-Jules), Barsac.
Duhar (veuve), Sainte-Croix-du-Mont.
Dupuch (Justin) fils, Léognan.
Durand-Dassier (Ph.), Parempuyre.
Duroy-de-Suduiraut (MM.), Pauillac.
Escande (Th.) et Cⁱᵉ, Bordeaux.
Ferrand (héritiers du comte A. de), Pauillac.
Ferrière (H.), Margaux.

Féry d'Esclands (duc), Paillet.
Feuillerat (Armand), Margaux.
Floris (baron de), Ludon.
Fould (Achille), Saint-Julien.
Gassowski (de), Margaux.
Gaubert, Portets.
Geoffrion (Samuel), Saint-Émilion.
Ginestet et Cⁱᵉ, Bordeaux.
Glady (F.), Pessac.
Gondoin (Veuve), Gradignan.
Gouges (veuve), Sainte-Croix-du-Mont.
Grazilhon (Jean), Saint-Estèphe.
Guichard (Alexis), Villenave-d'Ornon.
Guiton (J.) (Soutard-Cadet), Saint-Émilion.
Halphen (Mᵐᵉ), Pauillac.
Hanappier (Ch.) et Gasqueton (G.), Saint-Estèphe.
Héron (J.-P.), Bordeaux.
Jacquet (L.) et fils, Libourne.
Kœnigswarter (Mᵐᵉ Vᵉ), Arsac.
Labasse (E.), Léognan.
Lachapelle-Comagères, Léognan.
Lalande (A.-J.), Cantenac.
Lalande (Éloi), Barsac.
Lande-Lapelletrie (Curé-Bon-Madeleine), Saint-Émilion.
Lapeyre (Marcel), Sainte-Croix-du-Mont.
Larcher (Veuve), Mérignac.
Lardit (Edmond), Sainte-Croix-du-Mont.
Larronde frères, Bordeaux.
Latrille (J.) fils, Bordeaux.
Laulan (Numa), Barsac.
Laveau (Dʳ A.), Sainte-Croix-du-Mont.
Legay (V.), (château Haut-Simard), Saint-Émilion.
Le Maire (Armand), Fargues.
Malen (château Grandes-Murailles), Saint-Émilion.
Malet (héritiers du comte de) (château Gaffelières-Naudes), Saint-Émilion.
Marot (J.) et fils, Bordeaux.
Maurange (Louis), Bordeaux.
Médeville (Numa), Cadillac.
Mendelssohn (de), Margaux.
Milleret (René), Preignac.
Moreau (G.) et Cⁱᵉ, Podensac.
Morel (héritiers du comte) (château Berliquet), Saint-Émilion.
Muicy-Louys (A. de), Saint-Julien.
O'Lanyer (Louis), Saint-Genès.
Pascaud (Léopold), Barsac.
Pérou (du), Sancats.
Peyraud (Mᵐᵉ), (château Canon-Caffelière), Saint-Émilion.
Pinoncely, Saint-Laurent.
Pinot-Gratian (Ed.) aîné, Pauillac.
Plomby (Élie), Barsac.
Prom (J.) et Cⁱᵉ, Bordeaux.
Promis (Paul), Bordeaux.

Ricaud (E.), Villenave-d'Ornon.
Ridaud (A.), (domaine Grand-Faurie), Saint-Émilion.
Rochefort (comte Louis de), Saint-Émilion.
Sacriste (Ernest), Sainte-Croix-du-Mont.
Saint-Légier (comte de) Pauillac.
Sancié (Raymond), Sainte-Croix-du-Mont.
Sèze (de) et Hermel, Pomerol.
Société civile du Château de Pédesclaux, Pauillac.
Soula aîné, Martillac.
Syndicat de défense viticole et agricole de l'arrondissement de Bordeaux.
Syndicat de Macau.
Thibeaud (Amédée), (château La Clusière), Saint-Émilion.
Tourré, Loupiac.
Toussaint (A.), Villenave-d'Ornon.
Vayssière, Martillac.
Vial (Félix de), Pauillac.
Vialard (A.), Pauillac.
Villepigue (R.), (château Figeac), Saint-Émilion.
Wachter, Léognan.
Wells (William), Loupiac.

Médailles d'argent.

Amiel (Max), Quinsac.
Aineau (Jules), Beautiran.
Arnaud (Arthur), La Tresne.
Audy et Bonhoure, Bordeaux.
Baillon, Langoiran.
Béguin (Dr), Pessac.
Beilliard (Charles), Sainte-Croix-du-Mont.
Bernard (Xavier), Vertheuil.
Bert (Louis), Barsac.
Berteaud (Marcel), Saint-Girons.
Bertin (Charles), Amélie-sur-mer (Soulac).
Biscaye (Maurice), Sainte-Croix-du-Mont.
Bonnefous (Charles), Pauillac.
Bonnefous (Gustave), Pauillac.
Bouchardeau (Siméon), Douzac.
Bourdillas (Léon), Cartelègue.
Bourran (de) frères et Cⁱᵉ, Bordeaux.
Brazier (Roger), Capian.
Carsolle (Gustave), Macau.
Cartaud (François), Plassac-de-Blaye.
Chagnaud, Villenave-d'Ornon.
Claudon (Gustave), Paris.
Comére-Caille, Bègles.
Constantin (Pierre), Lamarque.
Conte (Léonard), Pauillac.
Corbière (Michel), Château-Vachon (Saint-Émilion)
Coste (de), Castres.
Cotture (Louis), Haux.
Cunliffe Dobson et Cⁱᵉ, Bordeaux.

Dejean (Joseph), Loupiac.
Denis (J.), Macau.
Desse (Georges), Pauillac.
Dezarnaud (Léopold), Loupiac.
Dijeaux (Veuve), Isle-Saint-Georges.
Douat (J.), Sainte-Eulalie.
Dubois (Louis), Pauillac.
Dubory, Domaine de Baracan (Capian).
Dubourdieu (Hippolyte), Sainte-Croix-du-Mont.
Dubroca (T.), Château-Grand-Mayne (Saint-Émilion).
Dubroqua (Amédée), Soulignac.
Dupuy (Georges), Sainte-Croix-du-Mont.
Dupuy (Joseph), Villenave-de-Rions.
Durand, Le Jurat (Saint-Émilion).
Durst-Wild, Portets.
Élissagaray (Renaud d'), Pauillac.
Estansan et Bègles-Saint-Bris, Villenave-d'Ornon
Expert (Aurel), Monprimblanc.
Expert (Bernard), Laroque.
Fagouet (Georges), Libourne.
Faugère (Henri), Saint-Médard-d'Eyrans.
Ferbos (Jean), Sainte-Croix-du-Mont.
Ferbos (Pierre), Sainte-Croix-du-Mont.
Ferchaud (Eugène), Poillet.
Fréchit (Antoine), Capian.
Gabilland (Léopold), Sainte-Croix-du-Mont.
Gagnerot (Jean) et Ballade (Henri), Pauillac.
Garbay (Georges), Sainte-Croix-du-Mont.
Gaston (Léon), Cérons.
Gaussem (Chéri), Gabarnac.
Gay, Léognan.
Glaire (Bernard), Capian.
Gouny (Jean-Fernand), Macau.
Grillet, Portets.
Guhur (Daniel), Baurech.
Hugon (Antoine-Albert), Moulis.
Labadie (J.-T.), Bordeaux.
Labuzan (Maurice), Saint-Selve.
Ladoux (Jean), Sainte-Foy-la-Grande.
Lafon (Arthur), Beautiran.
Lapuyade (veuve), Sainte-Croix-du-Mont.
Larrieu (Auguste), Sainte-Croix-du-Mont.
Lataste (Joseph), Gornac.
Lataste (Évrard), Cadillac.
Laulan (Jean), Sainte-Croix-du-Mont.
Launonier (André), Pauillac.
Lestapis (de) et Cⁱᵉ, Bordeaux.
Loubaney (Jean), Pauillac.
Malen, Château-Baléau (Saint-Émilion).
Mathellot (Camille), Cadillac.
Mège (Pierre), Saint-Estèphe.
Merce Attié, Macau.
Méric (Julien), Villenave-de-Rions.
Micouleau (Jean), Macau.
Mondon (Louis), Pauillac.

Mortagne (J.), Pauillac.
Musquin (Cyprien), Bontagne.
Neyraud (J.), Carbon-Blanc.
Pageard, Mérignac.
Pagès (G.), Villenave-d'Ornon.
Patachon (Eugène), Donzac.
Pépin (Lucien), Monprimblanc.
Pessonnier (François), Bourg.
Petit (Anatole), Blanquefort.
Pineau (Ténélius), Saint-Estèphe.
Pistouley (P.), Domaine Malineau-Magnan (Saint-Émilion).
Pouchet, Tabanac.
Preller (G.) et Cⁱᵉ, Bordeaux.
Raymond (Darius), Listrac.
Reneteau (Jean), Macau.
Renouil (Jean-Benjamin), Cussac.
Revolat (C.), Talence.
Riou (Henri), Saint-Martin-Lacaussade.
Robin, Villenave-de-Rions.
Roucaud (Armand), Saint-Médard d'Eyrans.
Roucaud (Fernand), Villenave-d'Ornon.
Saintout (Louis), Margaux.
Sauvestre (Jean), Sainte-Croix-du-Mont.
Seigneriau (Guillaume), Saint-Pardon-Vayres.
Seilhean (P.) et fils, Bordeaux.
Sichel et Cⁱᵉ, Bordeaux.
Sicher (veuve H.), Gradignan.
Signoret (A.), Saint-Androny.
Solles aîné (H.), Pessac.
Thoumazet (Ludovic), Bordeaux.
Tourleau (A.), Pauillac.
Vathaire (André de), Sainte-Croix-du-Mont.
Verger (Henri), Marcillac.
Vianne (Lazare), Haux.
Videau (A.), fils et Cⁱᵉ, Bordeaux.
Vigouroux (G.), Saint-Médard-d'Eyrans.
Villars (Eugène), Monprimblanc.
Vimeney (Daniel), Sainte-Croix-du-Mont.
Vinsot (Gaston), Cardan.
Weatjen, Cadaujac.
Woolonghan, Larroque.
Zangroniz (de) et Cⁱᵉ, Bordeaux.

Médailles de bronze.

Barateau (Jean), Macau.
Barbot (Auguste), Sainte-Croix-du-Mont.
Bénazet (Albert), Sallebœuf.
Bérard (Maurice), Sainte-Croix-du-Mont.
Bernon jeune, Cussac.
Bichon (J.), Pauillac.
Blanc, Capian.
Brissaud (Joseph), Clos-Fourazade (Saint-Émilion).

Carré (Jean), Néac.
Cayla (Dʳ), Pauillac.
Cazeaux (Eugène), Sainte-Croix-du-Mont.
Chevallier (Eugène), Sainte-Croix-du-Mont.
Chevassier (Paul), Sainte-Croix-du-Mont.
Daviaud (Bernard), Sainte-Croix-du-Mont.
Delgueil (Dʳ), Castres.
Delsol, Léognan.
Despujols (Henri), Sainte-Croix-du-Mont.
Dupayrat (Daniel), Pauillac.
Espilère (Jules), Rions.
Eyber (V.-M.), Bordeaux.
Eyssan (Edmond), Pauillac.
Farrouil (Eugène), Saint-Romain-la-Virvée.
Faure (Louis-André), Cézac.
Fossé (J.), Cézac.
Gailhac (P.-J.), Mérignac.
Garryt (Ulysse), Cartelègue.
Georget (Louis-Adolphe), Blaye.
Goitsolo (de), Aiguesmortes.
Goyaud (Raoul), Barsac.
Jamaut (Auguste), Paillet.
Jean, Fours.
Jugla (Jean), Pauillac.
Lardit (Edmond), Cadillac.
Mageau (Jean), Tabanac.
Mahic, Villenave-d'Ornon.
Mariot (Paul-Marie), Cantenac.
Maurin (J.), Lamarque.
Mayaudon (Louis), La Tresne.
Méchain (Amédée), Cartelègue.
Miquau (Paul), Soussans.
Musquin et Devignes, Soulignac.
Paillou (Pierre-Maurice), Cadaujac.
Robert (Jules), Cars.
Rolland-Dalon (marquis de), Villenave-d'Ornon.
Roux (Camille), Sainte-Croix-du-Mont.
Sacriste (Brice), Soulignac.
Sacriste (Cyprien), Sainte-Croix-du-Mont.
Salvané (A.), Cadaujac.
Tétard (A.), Pessac.
Thompson (H.) et fils, Bordeaux.
Van de Voort, Pauillac.
Videau (Gustave), Rions.

Mentions honorables.

Barthélemy (Pascal), Pauillac.
Belloc (Jean-Sylvain), Pujols-sur-Ciron.
Blanchet (Paul), Pauillac.
Boulinaud (Camille), Marcillac.
Chaillot (Georges), Artigues.
Duboscq, Portets.
Durand-Daubin (Paul), Saint-Maixent.
Marches, Listiac.
Mas (Urbain), Langoiran.

Rames d'Esclas et Capitaine Barbier, Lacanau.
Renaud (Honoré-Martin), Camblanes.
Roger, Castres.
Sémédard-Bertrand, Macau.
Vialard, Pauillac.

CINQUIÈME RÉGION.

Charentes.

Grands prix.

Comité charentais, Cognac.
  En participation :
    Auger fils et Cⁱᵉ, Montmoreau.
    Augier frères, Cognac.
    Barnett et Elichagaray, Cognac.
    Bisquit-Dubouché et Cⁱᵉ, Jarnac.
    Boiteau (L.) et Cⁱᵉ, Angoulême.
    Bouchard (Ph.) et Cⁱᵉ, Châteauneuf.
    Bouchet (Jules) et Cⁱᵉ, Cognac.
    Boulestin et Cⁱᵉ, Cognac.
    Bouthillier (G.), Briand et Cⁱᵉ, Cognac.
    Cahet et Cⁱᵉ (J.), Cognac.
    Calvet et Cⁱᵉ, Cognac.
    Camus frères, Cognac.
    Chaloupin (V.) et Cⁱᵉ, Angoulême.
    Coutanceaux et Cⁱᵉ, Saintes.
    Croiset (B.-L.), Saint-Même.
    Curlier, Courvoisier et Cⁱᵉ, Jarnac.
    Cusenier (E.) fils aîné et Cⁱᵉ, Cognac.
    De Laage et Cⁱᵉ, Saint-Savinien.
    Denis (J.), Mounié (H.) et Cⁱᵉ, Cognac.
    Dyke-Gautier (H.) et fils, Cognac.
    Engrand (Émile), Angoulême.
    Favraud (J.) et Cⁱᵉ, Jarnac.
    Foucauld (Lucien) et Cⁱᵉ, Cognac.
    Frapin (P.) et Cⁱᵉ, Segonzac,
    Fromy-Rogée et Cⁱᵉ, Saint-Jean d'Angély.
    Gautier frères, Aigre.
    Gautret et fils, Jonzac.
    Geoffroy et fils, Cognac.
    Girard et Cⁱᵉ, Tonnay-Charente.
    Marie Brizard et Roger, Cognac.
    Martineau (Gustave), Saintes.
    Mestreau (Fréd.) et Cⁱᵉ, Saintes.
    Mesure fils aîné, Cognac.
    Moullon et Cⁱᵉ, Cognac.
    Moyet-Gautier et Cⁱᵉ, Saint-Sulpice.
    Normannld et Cⁱᵉ, Châteauneuf.
    Otard-Dupuy et Cⁱᵉ, Cognac.
Favraud et Cⁱᵉ, Jarnac.
Frapin (Pierre), Segonzac.
Guichard (Dʳ), Lignières.

Guérin (Alexandre), Salles d'Angles.
Viticulteurs du Comice agricole, Cognac.
Viticulteurs du Comice agricole et viticole, arrondissement de Barbezieux.

Diplômes d'honneur.

Comice agricole de Saintes.
Delétoile, Criteuil-la-Magdeleine.
Furland (Veuve G. et Cⁱᵉ), Cognac.
Grattereau, Saint-Sulpice.
Moreau (Archange), Gimeux.
Normand-Dutié, Les Églises-d'Argenteuil.

Médailles d'or.

Arché (Adrien), Guimps.
Aubouin, Marville-Genté.
Boisnaud (Jules), Angeac-Champagne.
Boulinaud (Amédée), Javrezac.
Carré-Bonvallet (René), Nieul-le-Virouil.
Castaigne (Emmanuel), Ars.
Castillon du Perron, Gensac-la-Pallue.
Claudon (H.), Rouillac.
Combeau (Pascal), Bel-Air-Saint-Brice.
Fèvre (Jean), Condéon.
Fèvre (Louis), Rognac.
Fillioux (Alfred), Javrezac.
Gadras (Isaac), Condéon.
Glotin (Mᵐᵉ), Montbriard, commune de Richemont.
Guillon (J.-M.), Marsville.
Guinefollaud (L.), Angoulême.
Huvet (Louis), La Poterie.
Jobit (Albert), Saint-Laurent.
Martel (Mᵐᵉ Gabriel), Cressé.
Massy (J.-A.), Meschers.
Meslier (Dʳ James), Touvérac.
Mousset (André), Chalais.
Nicolle (Théodore), Tesson.
Pelluchon (Alexandre), Le Trueil.
Pérodeau (Yriex), Juillac-le-Coq.
Picauron (Rodolphe), Burie.
Pichet, La Chaise.
Pouilloux (René), Saint-Jean-d'Angély.
Rateau (Louis), La Chapelle-des-Pots.
Richard (Aimé), Segonzac.
Robin (A.), Bassac.
Roy (Célestin), Bassac.
Servant, Ambleville.

Médailles d'argent.

Bellot (Anatole), Cherves.
Bréard (M.), Les Marais-Saint-Sulpice.
Charpentier (H.), Roullet.

Charrier (Gaston), Plassay.
Chatelier frères, Nancras.
Chatelier (Xavier), Nancras.
Dodard, Les Bobelines.
Dupuy, Jarnac.
Endrivet fils, domaine de Puy-Gaudin.
Godot (Edouard), La Gite.
Majet (A.), Xambes.
Morice (Dʳ Gaston), château des Joguets.
Mesure père, Chervos.
Nérand (T.), Saintes.
Pilard (Frédéric), Lejardière.
Rambaud (Albert), Gémozac.
Robin (Edgard), Logis-du-Fribeau.
Vallein (Georges), Chermignac.
Vaurez (Henri), Bougneau.
Vignaud (Maurice), La Guignebarderie, commune
  de Cherves.

Médailles de bronze.

Bonnet (Philippe), Saint-Georges-des-Côteaux.
Nambrard (Fernand), Le Chéron.

Mentions honorables.

Distillerie coopérative du vin naturel, Saint-Georges-
  du-Bois.
Grellet (Emmanuel), Saint-Palais-sur-Mer.
Leralle (Séverin), Le Ramet.
Muller (Ignace), Fontrémie.
Prou (Anselme), La Foy-Gémozac.

SIXIÈME RÉGION.

*Calvados, Eure, Manche, Loire-Inférieure, Maine-et-
Loire, Sarthe, Seine-Inférieure, Indre-et-Loire,
Loir-et-Cher, Loiret.*

Grands prix.

Comice agricole de Saumur.
Cristal (Antoine), Parnay.
Union des Viticulteurs de Maine-et-Loire.

Diplômes d'honneur.

Bizard, Angers.
Bourcier, Château de Briançon.

Médailles d'or.

Baudrillier (Pierre), Thouarcé.
Bazantay, Pont-Boursault.
David (Simon), Rablay.
Des Ages (Charles), Dampierre.
Fourrier, Angers.
Gilles-Deperrière, Château de la Grange.
Girard (Achille), Brézé.
Hamon (Louis), Le Breuil.
Lebeau (Camille), Thouarcé.
Massignon, Saint-Lambert-du-Lottay.
Mignot (Louis), Bellerive.
Perrault, Château de Meigné.
Perrault (Eugène), Brézé.
Rosin, Angers.
Saulais-Mauriceau, Parnay.
Soland (de), Thouarcé.
Syndicat agricole de Thouarcé.
Vaillant (Aimé), Cossé.

Médailles d'argent.

André, Angers.
Betton-Allard, Angers.
Claveau (René), Saumoussay.
Delaunau (René), Saint-Aubin-de-Luigné.
Gilbert (Arthur), Souzay.
Godillon (Émile), Saint-Lambert-du-Lottay.
Hacault (Adrien), Thouarcé.
Leroi, Rablay.
Monprofit, Le Champ.
Nicolle (E.), Sartilly.
Pellerin (Théodore), Le Champ.
Planchenault, Angers.
Pottier (Albert), Allonnes.
Priet, Angers.
Renault, Saint-Georges-Chatelaison.
Suandeau, Angers.
Topart (Dʳ), Château de Forges.

Médailles de bronze.

d'Andigné (Comte Jean), Château du Grip.
De Grandmaison (G.), Montreuil-Bellay.
Gauthier (Désiré), Saint-Aubin-de-Luigné.
Gigault, Saumur.
Pétry, Martigné-Briand.
Roullier, Aubigné.

Mentions honorables.

Brincard (baronne), Château de la Bizolière.
Cheignon, Nantes.
Laboe, Angers.
Oger-Bascher, Saint-Aubin-de-Luigné.

SEPTIÈME RÉGION.

*Ténarèze, Haut et Bas-Armagnac, Basses-Pyrénées,
Gers, Armagnac, Hautes-Pyrénées, Allier, Indre,
Haute-Garonne, Lot-et-Garonne, Tarn, Puy-de-Dôme,
Nièvre.*

Grands prix.

Syndicat de l'Armagnac, Condom.
Forsans (Paul), Lagor.
Du Vigneau et Cⁱᵉ, Condom.
Janneau, Condom.

Diplômes d'honneur.

Domaine de Laubade, Sorbets.
Société centrale d'agriculture de la Haute-Garonne,
  Toulouse.
Sourbets (Georges), Mont-de-Marsan.

Médailles d'or.

Aubry, Beaumont-sur-Lèze.
Bertrand (E.), Gaillac.
Bruchaut (H.), Gondrin.
Castay (O.), Château de Jaulin.
Dubedat (A.), Pont-de-Bordes.
Dussaux (P.), Panjas.
Gabarrot et Darroux, Vic-Fezensac.
Mathieu (A.-B.), Gaillac.
Nismes (J.), Pont-de-Bordes.
Papelorey et Lenglet, Condom.
Rouart, Saint-Caprais.
Roumengou (J.), Cugnaux.
Société Coopérative vinicole, Toulouse.
Société viticole, Villaudric.
Sourbets (J.), Mont-de-Marsan.
Vivez (Ed.-Henri), Condom.

Médailles d'argent.

Andrieu (Louis), Toulouse.
Bourdette (L.), Condom.
Coulouma (Louis), Saint-Sulpice.
Fauré, Béral.
Grimard (J.), Lavardac.
Lacaze, Longages.
Lacoste (J.), Sos.
Latou père et fils, Condom.
Lavaivre, château de la Montée, par Charrain.
Legrand (C.), Tarbes.
Lespinasse, Villemur.

Pons (de), Villaudric.
Ramondou, Villemur.
Remond, Montheron.
Saune (de), Villemur.
Seugès, Saint-Simon.
Serre, Cornebarrieu.
Talon (Léonard), Vaumas.
Tranier, Castelnau.

Médaille de bronze.

Pouilhac, Toulouse.

HUITIÈME RÉGION.

*Languedoc, Roussillon, Midi, Aude, Gard, Hérault,
Pyrénées-Orientales, Ardèche, Bouches-du-Rhône,
Var, Vaucluse, Basses-Alpes.*

Diplômes d'honneur.

Barral-d'Estève, Marseillan.
Bartissol, Banyuls.
Confédération générale des vignerons, à Narbonne.
Clolus (Émile), Badens.
Doria (Comte), Adissan.
Fraissé (Gustave), Riols.
Gès (Emmanuel), Saint-Genis-des-Fontaines (Pyré-
  nées-Orientales).
Joné (A.), Perpignan.
Pams (Eugène), Port-Vendres.
Société centrale d'agriculture de l'Aude.
Syndicat des vignerons, Narbonne.
Syndicat agricole du Gard, Nîmes.
Syndicat des vignerons, Carcassonne.

Médailles d'or.

Arnhiac-Rémy, Saint-Félix-de-Lodez.
Aubert-Aubenque, Montpellier.
Auger, Frontignan.
Bastardy, Mons.
Bodin (Émile), Cassis-sur-Mer.
Bonnes (G.), Gléon.
Bouzanquet (Ulysse), Vauvert.
Bret (Paul), Montpellier.
Brial (J.), Perpignan.
Carcassonne (Henri), Salies.
Carles (Émile), Gigean.
Caussel (Louis), Clapiers.
Chavanette (J.), Tuchan.
Chavannette (Laurent), Vingrau.
Collectivité de la commune d'Argeliers.

Commune de Tautavel.
Compagnie des Salins du Midi, Montpellier.
Comte L. Branca.
Confédération, section d'Argelès-sur-Mer.
Confédération, section de Corneilha.
Confédération Maille, Argelès-sur-Mer.
Confédération Malègue, Argelès-sur-Mer.
Crozals (Cyprien de), Béziers.
Ducup (Parc), Perpignan.
Ebelot (Louis), Estagel.
Ebelot, Tautavel.
Filachou (François), Rivesaltes.
Gordon (Martin), Saint-Georges.
Jalabert, Limoux.
Maroger de Rouville (A.), Nîmes.
Massol (C.), Clos-Massane.
Mialhe, château Villegrix.
Michel (Théophile), Jonquières.
Mir (Eugène), Castelnaudary.
Mournet (Justin), La Nouvelle.
Nugue-Richard et Cⁱᵉ, Béziers.
Pons (Adrien), Murviel-les-Montpellier.
Pons (Robert), Mireval.
Richard (César), Puisserguier.
Roubaud-Tarascon, Châteauneuf-du-Pape.
Rouvière Huc, Saint-Géniès-des-Mourgues.
Syndicat de Clapiers.
Syndicat des Corbières viticoles.
Syndicat de Montpellier-Lodève.
Syndicat des vignerons des Pyrénées-Orientales.
Vallot, Lodève.
Verrier (Célestin), Mireval.

Médailles d'argent.

Armand (Veuve Pierre), Saint-Mamert.
Bissanne (Jean), Murviel-les-Montpellier.
Boucoiran (Émile), Beauvoisin.
Boyer (Victor), Carcassonne.
Burgat, Maisons.
Cabassut (Abbé), Aspiran.
Chichet (Jules), Cases-de-Pène.
Coll, Perpignan.
Comes, Tautavel.
De Crozals (Paul), Saint-Laurent-des-Corbières.
Delafarge (R.), château de Vaisseries.
Douysset, Saint-André-de-Sangonis.
Durand (E.) et Bousquet (J.), Caux.
Fargues, Loupian.
Fouquer (Paul), Saint-Georges-d'Orques (Hérault).
Feuillat, Carcassonne.
Folliet (F.), Générac.
Garnier-Picheral, Vic-le-Fesq.
Grelat (Achille), Bizanet.
Kergorlay (comte de), Montpellier.
Laval-Trouchaud, Lézan.

Laurens (Gabriel), Montagna.
Liger (G.), Puichéric.
Malavialle (Antoine), Paziols.
Malèlos (Charles), Mireval.
Martin (César), Langlade.
Marty-Marty, Montpellier.
Maurel (L.), Carcassonne.
Parès (L.), Tautavel.
Raizon (Esprit), Vergèze.
Rouquairol (Gustave), Saint-Géniès-des-Mourgues.
Salles (Noël), Bédarieux.
Sarmet-Germain, Baho.
Trinquelague (baronne de), Nîmes.
Vidal (Georges), Saint-Georges.
Vilar (Léon), Laroque des Albères.
Vitalis (Alexandre), Grandmont.

Médailles de bronze.

Chassant (Maurice), Saint-Félix de Lodez.
Degraves, Félines.
Ferlus frères, Tourbes.
Gouneaud, Aspiran.
Ladrat (Frédéric), Pont-Saint-Esprit.
Mazoyer (Louis), Montpellier.
Mourier (Léopold), Le Cailar.
Rieux (Émile), Marseillan.
Ribot frères.
Rouvière (Louis), Montfrin.
Servel (Victor), Montpellier.
Servent (Paul), Aspiran.
Surjus Cambell, Argelès-sur-Mer.
Tourtoulon (baronne de), Valensole.

Mentions honorables.

Allary, Carcassonne.
Mauton et Cⁱᵉ, Argelès.
Pascal (Augustin), Gruissan.

NEUVIÈME RÉGION.

Corse.

Diplômes d'honneur.

Landry, Calvi.
Pugliesi-Conti (de), Ajaccio.

Médailles d'or.

Capifuli, Calvi.
Clavel et Caritoux, Ajaccio.
Gilormini frères, Patrimonio.

Médailles d'argent.

Avenir agricole (L'), Sartène.
Bienchetti, Ajaccio.
Carrasaccia Coteau, Corse.
Guiderdoni, Calentoggio.
Laorenzi (Joseph), Ponticchio.
Melgrani, Cutelli.
Meyer (J.), Ajaccio.
Santini (Joseph), Appietto.

Médailles de bronze.

Beverini, Ajaccio.
Campi (Eugène), Ajaccio.
Campi (J.), Ajaccio.
Lorenzi (Félicien), Ponticchio.
Muzio Olivi, l'Ile Rousse.
Vernini, Ajaccio.

Mentions honorables.

Beveraggi, Ajaccio.
Giordani (Dr), Ajaccio.
Lucca (de), Ajaccio.
Storti, l'Ile Rousse.
Vincenti (Dr), Ajaccio.

Alcools.

Médaille d'or.

Mattei (L.-N.) et Cie, Bastia.

Médailles d'argent.

Casabianca, Ajaccio.
Blosini (Ernest), l'Ile Rousse.
Blosini (Joseph), l'Ile Rousse.
Vico (Dr), Ajaccio.

CLASSE 61.

*Sirops et liqueurs, spiritueux divers ;
alcools d'industrie.*

(Groupe X–C.)

Hors concours (Membres du Jury).

*Dans les raisons sociales, les noms de MM. les Jurés
sont en italique et placés entre parenthèses.*

P. Bardinet (les fils de), *(Bardinet)*, Bordeaux.
Bertrand-Taquet (Alfred), Paris.
Brugerolle (Léopold), Matha (Charente).
Brunier fils et Cie *(Et. Brunier)*, Lyon.
Cazalis et Prats *(G. Cazalis)*, Cette (Hérault).
Chastenet frères *(Chastenet)*, Périgueux.
Clacquesin, Paris.
Cointreau, Angers.
Colette (René) aux Moëres par Hondschoote (Nord).
Dechavanne frères, *(Henri Dechavanne)*, La Plaine-
　Saint-Denis.
Denuzière (Charles), Saint-Étienne.
Dumas-Fillion, Lyon.
Fournier-Demars, Saint-Amand-Montrond (Cher).
Gabolde-Get, Revel (Haute-Garonne).
Grande distillerie Cusenier fils aîné *(Charles Cuse-
　nier)*, Paris.
Lambert et Cie *(Ernest Lambert)*, Neuilly-sur-Seine.
Lamiral (Henry), Clichy (Seine).
Maison Marie-Brizard et Roger *(Gintin)*, Bordeaux.
Mauprivez-Leroy, Campiègne.
Moineaux et Bardin *(Louis Bardin)*, Paris.
Poureux (Auguste), Fougerolles (Haute-Saône).
Peyret frères *(Peyret)*, Lyon.
Picon et Cie *(Bouchy)*, Levallois-Perret et Marseille.
Quenot (Henri), Dijon.
Rateau, Nogent-sur-Marne.
Rocher frère, *(Fernand Rocher)*, La Côte-Saint-
　André.
Simon aîné, Châlon-sur-Saône.
Violet frères, *(Lambert Violet)*, Thuir (Pyrénées-
　Orientales).

Établissements Rouvière, *(Chapuis)*, Dijon. (Cl. 60.).
Potin et Cie *(JulienPotin,)* Paris. (Cl. 59).

Hors concours
(par application de la Convention).

Blanchet, Beauvais.
Boverat, Paris.

Dubonnet et fils, Paris.
Galland, Paris.
Petit, Auxerre.

Grands prix.

Amour frères (directeurs de la Société Suprême-Fécamp), Fécamp (Seine-Inférieure).
Aymard fils, Lyon.
Bourcier frères, Ivry-sur-Seine.
Bertrand (Louis), Constantine.
Blanchard et Cie, Rochefort-sur-Mer.
Bonnet, Le Puy (Haute-Loire).
Brard-Cocary, Pontivy (Morbihan).
Colin et Cie, Bordeaux.

Collectivité des alcools et liqueurs :
En participation :
Bucot, Toulouse (Haute-Garonne).
Bagès, Brioude (Haute-Loire).
Bary, Le Kremlin (Seine).
Bazinet, Pontarlier (Doubs).
Beuzeville, Montrouge (Seine).
Bonnet, Le Puy (Haute-Loire).
Boulanger (Père et fils), Pantin (Seine).
Bourbonnais, Marolles-en-Hurepoix (Seine-et-Oise).
Bourcier frères, Ivry (Seine).
Brière, Puteaux (Seine).
Buteau, Ourouer-les-Bourdelins (Cher).
Champagnac, Saint-Étienne (Loire).
Chateleine frères, Aubervilliers (Seine).
Clerc Renaud, Vanves (Seine).
Crémont-Mouquet, Lille (Nord).
Dauvergne, Paris.
Debrise frères, Paris.
Deux et Leharle, Paris.
Distillerie syndicale de l'alimentation parisienne, Paris.
Donizeau, Charenton (Seine).
Dorsemaine, Montfort-l'Amaury (S.-et-O.).
Dubonnet et Labussière, Montreuil-sous-Bois (Seine).
Dulac et Cie, Paris.
Fourey, Nangis (Seine-et-Marne).
Garnier, Choisy-le-Roi (Seine).
Genestine, Clermont-Ferrand.
Goursat-Danvin et Cie, Pons (Charente-Infér.).
Guillet, Pont-Château (Loire-Inférieure).
Guillier, Paris.
Guillot, Blanzac (Charente).
Guyou et Fèvre, Troyes (Aube).
Guy, Grasset et Cie, Paris.
Hachette et Bernard, Paris.
Hamot frères, Paris.
Joanne, Paris.
Jougounoux, Charenton (Seine).

Julien, Lavaur (Tarn).
Lafon (O.) et Cie, Limoges (Haute-Vienne).
Legouey, Delbergue et Gagé, Paris.
Legrain et Stinville, Levallois-Perret (Seine).
Legras, Versailles (Seine-et-Oise).
Lejai-Lagoutte, Dijon (Côte-d'Or).
Ligner (Louis), Paris.
Lucet-Fleury, Orléans (Loiret).
Mailliez (Maison de la Mère-Moreaux), Paris.
Mardelle fils, Loches (Indre-et-Loire).
Martin (René), Joinville-le-Pont (Seine).
Maurin (Louis), Le Puy (Haute-Loire).
Mouchotte et fils, Saint-Mandé, (Seine).
Moureaux et Dramard, Pantin (Seine).
Moureaux, Porte et Cie, Alfort (Seine).
Novion, Asnières (Seine).
Pagaud et Paris, Paris.
Pagès-Ribeyre, Le Puy (Haute-Loire).
Pelletier (Émile), Paris.
Philippe-Thiriou, Paris.
Picauron (Rodolphe), Buric (Charente-Infér.).
Pierre (Émile), (Neuilly-sur-Seine).
Pillet et Denfert, Paris.
Premier fils (Charles-Henri) et Cie, Romans (Drôme).
Prudhomme (veuve) et Froger, Paris.
Raphel-Carbonel (Les enfants de), Vallauris (Alpes-Maritimes).
Requier, Périgueux.
Ricqlès (de) et Cie, Saint-Ouen (Seine).
Rivière (Charles), Orléans (Loiret).
Rocca (Alphonse), Menton (A.-M.).
Rousseau (Henry), Saint-Quentin (Aisne).
Saurand (Armand), Louviers (Eure).
Savary (Louis), Béthune (Pas-de-Calais).
Springer et Cie, Maisons-Alfort (Seine).
Talabard (Eugène), Saint-Denis (Seine).
Thibault fils, Palaiseau (Seine-et-Oise).
Valette, Levallois-Perret (Seine).
Vincent (Adrien), Paris.
Vrignaud fils (le gendre de H.), Luçon (Vendée).
Warenghem, Lannion (Côtes-du-Nord).

Coulon et Cie, Bordeaux.
Coulon frères, Le Havre.
Debrise frères, Paris.
Delizy et Doisteau, Pantin.
Delvaux, Neuilly-sur-Seine.
Dionne, Couber (Seine-et-Marne).
Dulac et Cie, Paris.
Fourey, Nangis (Seine-et-Marne).
Frémy fils, Chalonnes-sur-Loire.
Galibert et Varon (les neveux de), Bordeaux.
Garnier, Enghien-les-Bains.
Genestine (Francisque), Clermont-Ferrand.
Guéry et Rayer, Angers.
Hémard fils, Montreuil-sous-Bois.

Joanne, Paris.
Legouey, Delbergue et Gagé, Paris.
Lejeune-Clacquesin, Malakoff.
Lillet frères, Podensac.
Marnier-Lapostolle, Paris.
Maurin (J.-B.), Bordeaux.
Mouchotte et fils, Saint-Mandé.
Pagès-Ribeyre, Le Puy.
Pelletier, Paris.
Premier fils, Henry et Cie, Romans.
Querhoënt (de), Le Havre.
Requier, Périgueux.
Ricqlès (de) et Cie, Saint-Ouen.
Société *La Madone*, Paris.
Société *Saint-Raphaël*, Paris.
Talabard, Saint-Denis.

Diplômes d'honneur.

Amour frères, Société *Suprême Fécamp*, Fécamp
  (Seine-Inférieure).
Bourbonnais, Marolles-en-Hurepoix (Seine-et-Oise).
Bonnyaud frères, Paris.
Chappaz et Cie, Béziers.
Clerc et Cumin, Lyon.
Collet-Pintiaux, Fougères (Ille-et-Vilaine).
Collectivité de la Loire :
  En participation :
    Brunon-Chauvet, Saint-Étienne (Loire).
    Dubien, Montbrison (Loire).
    Jallon, Saint-Étienne (Loire).
    Massardier et Granjon, Saint-Étienne (Loire).
    Pichon et Cie, Montbrison (Loire).
Crémont-Mouquet, Lille.
Dolin et Cie, Chambéry.
Garnier, Choisy-le-Roi.
Gibelin et Vieil, Marseille.
Hérouard, Beauvais.
Jacoulot, Romanèche-Thorins.
Labruyère, Lyon.
Leblanc et Mouduit, Evreux.
Lejeune, Montrouge.
Mercier, Fécamp (Seine-Inférieure).
Muller, Vesoul.
Nugues-Richard, Béziers.
Richard (Ph.) fils, Chambéry.
Raphel-Carbonnel, (les fils de), Vallauris (Alp.-Marit.)
Rossignol-Lefebvre, Lille.
Scheil, Charleville.
Taillan et Cie, Cette.
Triconnet, Paris.
Vernhes, Pantin.
Vincent, Grenoble.
Voisin, Marseillan (Hérault).
Vrignaud (le gendre de), Luçon (Vendée).

Médailles d'or.

Bergueman, Petit-Quevilly (Seine-Inférieure).
Bessières frères, Paris.
Bochirol, Sarras (Ardèche).
Bresson, Fougerolles (Haute-Saône).
Brianchon, Fresnay-sur-Sarthe (Sarthe).
Burgeat fils, Saint-Dizier (Haute-Marne).
Crozet frères, Thizy (Rhône).
Dubonnet et Labussière, Montreuil-sous-Bois.
Dupas (Tatins) Lille.
Fritsch du Val et Cie, Le Bouscat (Gironde).
Gebs, Bellevue-Vesoul.
Goyet, Aurillac.
Grizard, Paris.
Jinot, Saint-Étienne.
Julien, Lavaur (Tarn).
Montbron et Bernier, Le Bourget (Seine).
Montré et Cie, Bordeaux.
Perraut et Cie, Charenton.
Saurand, Louviers (Eure).
Solères, Paris.
Trogneux, Boulogne-sur-Mer.

Médailles d'argent.

Bisset (Pierre), Cette.
Boivert, Saint-Aigulin.
Brissot, Provins.
Buteau, Ourouer-les-Bourdelins.
Chatoleine frères, Aubervilliers.
Cherblanc, Sainte-Foy-l'Argentière.
Cornillac et Trézel, Paris.
Dorsemaine fils, Montfort-l'Amaury.
Hubidos, Cette.
Laroche et Marc, Paris.
Laurent, Luxeuil-les-Bains.
Lecomte, Pacy-sur-Eure.
Lemelle (Georges), Pont-Sainte-Maxence.
Poulin (Léonce), Pont-Sainte-Maxence.
Société *La Rhodine*, Cires-lès-Mello.
Soulié et Cie, Bordeaux.
Steenhouver (veuve), Lille.
Valentin (Émile), Le Havre.

Médailles de bronze.

Rémy et Cie, Créteil.
Société *La Brandimintine*, Châteauneuf-sur-Charente.

Mentions honorables.

Bary, Le Kremlin.
Bonneau, Amboise.

CLASSE 62.

*Boissons diverses : Bières, Cidres,
Eaux minérales.*

(Groupe X-C.)

Hors concours (Membres du Jury).

*Dans les raisons sociales, les noms de MM. les Jurés
sont en italique et placés entre parenthèses.*

Brasserie Algérienne *(J.-J. Wohlhuter)*, Paris.
Compagnie fermière de l'Établissement thermal de
Vichy *(Paul Coubaud)*, Paris.
Dumesnil frères *(Fernand Dumesnil)*, Paris.
Grande brasserie de la Nouvelle-Gallia *(Paul
Wohlhuter)*, Paris.
Lefèvre (H.), Caen (Calvados).
Lemaricy (Lucien) Neuilly-sur-Seine.
Société anonyme des eaux minérales d'Evian-les-
Bains, *(Pierre Girod)*, Paris.

Bières.

Grands prix.

Arlen (Louis) et Cⁱᵉ, Montbéliard.
Brasserie *La Comète*, Paris.
Collectivité de la Brasserie française.
  En participation :
    Arlen (Louis) et Cⁱᵉ, Montbéliard (Doubs).
    Bouvaist (Albert), Abbeville (Somme).
    Brasserie de la Comète, Paris.
    Brasserie de l'Espérance, Ivry-Port (Seine).
    Brasserie Georges, Lyon.
    Brasserie du Lion de Belfort, Belfort.
    Brasseries de la Méditerranée, Marseille.
    Brasseries de la Meuse, Paris.
    Brasserie des Moulineaux, Issy-les-Moulineaux
      (Seine).
    Brasserie Nationale, Saint-Étienne (Loire).
    Brasserie Pignoux-Bourges, Bourges (Cher).
    Brasserie de Tantonville, Tantonville (Meurthe-
      et-Moselle).
    Brasserie de Terre-Neuve, Montluçon (Allier).
    Brasserie de Vaugirard, Paris.
    Brasserie du xxᵉ siècle, Reims (Marne).
    Brasserie du Virolois, Tourcoing (Nord).
    Brasserie Van den Broeck, Calais.
    Brasserie et malterie réunies, Besançon (Doubs).
    Butruille et Cⁱᵉ, Douai (Nord).
    Chopard frères (Brasserie de l'Aigle), Morteau
      (Doubs).
    Clerquin-Remy, Onnaing (Nord).

    Cocheteux (F. et E.), Douai.
    Corman-Vandame (Veuve), Lille).
    Crassier (Édouard), brasseur, Meaux (Seine-et-
      Marne).
    Demory, Paris.
    Dumortier (Jean), Comines (Nord).
    Filley (E.), Paris.
    Grande Brasserie de Montplaisir, Toulouse.
    Grandes Brasseries réunies, Maxéville (Meurthe-
      et-Moselle).
    Gros (L.) (Brasserie générale du Midi), Béziers
      (Hérault).
    Hanus (A.) et Cⁱᵉ, Charmes (Vosges).
    Heimerdinger et Lurck, Arcueil (Seine).
    Henry (Aug.) (Brasserie de la Gironde), La
      Réole (Gironde).
    Johner (Frédéric), Arcis-sur-Aube (Aube).
    Masse-Meurisse, Lille.
    Mirand-Devos, Versailles.
    Nouvelle Brasserie de Savigny-sur-Orge. Sa-
      vigny-sur-Orge (Seine-et-Oise).
    Petit frères, Rochefort-sur-Mer (Charente-
      Inférieure).
    Poillot-Lesne, Chalon-sur-Saône (Saône-et-
      Loire).
    Rauch frères et Cⁱᵉ, Baccarat (Meurthe-et-
      Moselle).
    Schmidt (Edmond), Fère-Champenoise (Marne).
    Taillandier et Viallefond, Pont-du-Château (Puy-
      de-Dôme).
    Treuffet (Jules), Dorignies-lès-Douai (Nord).
    Van Schauwenberge frères, Les Attaques (Pas-
      de-Calais).
    Winckler et ses fils, Lyon.
Grandes Brasseries réunies, Maxéville (Meurthe-et-
  Moselle).

Diplômes d'honneur.

Bouvaist (Albert), Abbeville.
Grande Malterie du Berry, Issoudun.
Hanus (A.) et Cⁱᵉ, Charmes.

Médailles d'or.

Grande Brasserie de Champigneulles.
Société lyonnaise des anciennes brasseries Rinck, à
Lyon.

Médaille d'argent.

Rauch frères et Cⁱᵉ, Baccarat,

Médaille de bronze.

Maquaire (Eugène), Boulogne-sur-mer,

Cidres, Eaux-de-vie de cidre.

Grands prix.

Bosnières (Georges), Caen.
Bures aîné, Caen.
Pain (G.) et Lecoq (E.), Caen.
Picard (J.) et Cⁱᵉ, Caen.
Syndicat général des cidres.
En participation :
  Aubert (Jules), Rouen.
  Auvray (Paul), Paris.
  Baivel (Charles), Brionne (Eure).
  Bergeot (Auguste), Céton (Orne).
  Bouvier (Achille), Crouttes (Orne).
  Brunet (Alphonse), Alençon (Orne).
  Carpentier (Gaston), Dieppe (Seine-Inférieure).
  Cartegnies frères, Solesmes (Nord).
  Coëlier (Émile), Paris.
  Conillard (Louis), Chautrigne (Mayenne).
  Decré (Jean), La Brousse, commune de Meruel (Ille-et-Vilaine).
  Delamé (Albert), Bosmont (Aisne).
  Després (Adolphe), Rugles (Eure).
  Dezalay, Tennie (Sarthe).
  Eudeline (Eugène), Selles, près Pont-Audemer (Eure).
  Foucard (Georges), Bourgtheroulde (Eure).
  Foulongne (Charles), la Haye-de-Calleville (Eure)
  Geslin (Jean), Paris.
  Guersent (Albert), Saint-André (Eure).
  Heuzé (Alexis), la Haye-en-Rouelle, par Domfront (Orne).
  Legros (Louis), Mamers (Sarthe).
  Lemarié (Gaston), Saint-Ouen-du-Tilleul (Eure).
  Lemonnier (Marcel), Beuzeville (Eure).
  Pongny (Désiré), Aumale (Seine-Inférieure).
  Sellier, Asnières (Seine).
  Terrade (Georges), Ermont (Seine-et-Oise).
Syndicat des vins, cidres et spiritueux du Calvados.
En participation :
  Aupée (Octave), Falaise (Calvados).
  Bazille (Auguste), Condé-sur-Noireau (Calvados)
  Bertrand (Léon), Mézidon (Calvados).
  Blevin (A.), Caen (Calvados).
  Borel Frères, Pont-l'Évêque (Calvados).
  Bosnière (Georges), Caen (Calvados).
  Boudin et Bourné, Lisieux (Calvados).
  Bures aîné, Caen (Calvados).
  Castelain (Georges), Lisieux (Calvados).
  Chable (A.), Caen (Calvados).
  Debierre (Louis), Saint-Michel-de-Livet, par Livarot (Calvados).
  Delalonde (Michel), Vire (Calvados).
  Fournier (Édouard), Orbec (Calvados).

Grou (Adolphe), Bayeux (Calvados).
Guilbert (Adolphe), Saint-Philibert-des-Champs (Calvados).
Le Personnier (Ch.), Tilly-sur-Seulles (Calvados).
Molinié Frères, Saint-Sever (Calvados).
Noël (G.), Caen (Calvados).
Pain (G.) et Lecoq (E.), Caen.
Picard (J.) et Cⁱᵉ, Caen (Calvados).
Surirey (Alphonse), Saint-Germain-le-Vasson (Calvados).

Diplômes d'honneur.

Baivel (Charles), Brionne.
Lemonnier (Raoul), Beuzeville.
Le Personnier (Charles), Tilly-sur-Seulles.

Médailles d'or.

Aupée (Octave), Falaise. (Calvados).
Guilbert (Adolphe), Saint-Philibert-des-Champs (Calvados).
Noël (G.), Caen.
Saintier (Paul), Rouen.

Médailles d'argent.

Brunet (Alphonse), Alençon.
Cabrol (Jean), Flers (Orne) et Troarn (Calvados).
Chable, Caen.
Conard (Raoul), La Neuville-du-Bosc, (Eure).
Leclère (J.-B.), Cherbourg.
Lecomte, Pacy-sur-Eure, (Eure).
Molinié frères, Saint-Sever (Calvados).

Médailles de bronze.

Beaumorel (Léopold de), Littry-les-Mines, (Calvados).
Bertrand (Léon), Mézidon, (Calvados).
Blevin (A.), Caen.
Delalonde (Michel), Vire (Calvados).
Delarbre (Paul), Banneville-la-Campagne (Calvados).

Eaux minérales.

Grands prix

Compagnie des Eaux minérales de la Bourboule, Paris.
Établissement de Saint-Galmier, Paris.
Société des eaux de Contrexéville, Paris.

Diplôme d'honneur.

Société nouvelle des eaux minérales et établissements de Martigny-les-Bains, Paris.

Médailles d'or.

Cère et Cⁱᵉ, Lamalou-les-Bains (Hérault).
Société thermale des Eaux-Bonnes, Bordeaux.

Médailles d'argent.

Eaux du Vernet (Ardèche).
Société des eaux de table stérilisées « Monopole ». Nice.

Médaille de bronze

Société des eaux minérales de Lons-le-Saulnier.

CLASSE 63.

Exploitation des mines, minières
et carrières.

(Groupe XI.)

Hors concours (Membres du Jury).

. Dans les raisons sociales, les noms de MM. les Jurés
sont en italique et placés entre parenthèses.

E. Grüner et G. Bousquet *(Bousquet)*, Paris.
Larivière et Cⁱᵉ *(G. Bordeaux-Montrieux)*, Paris.
Entreprise générale de fonçage de puits, études et travaux de mines *(Albert Boissière)*, Paris.
Société anonyme d'Explosifs et Produits chimiques *(E.-J. Barbier)*, Paris.
Société des Mines de Lens *(Élie Reumaux)*, Lens.

———

Lapipe et Wittmann, Paris. (Cl. 22).

Hors concours
(par application de la Convention).

Comité central des Houillères de France, Paris.
Fèvre et Cⁱᵉ, Paris.
Groupement des exploitants des mines de fer de Normandie :
   En participation :

Mines de fer de Barbery (Calvados).
Mines de fer de Larchamp (Orne).
Mines de May-sur-Orne (Calvados).
Société anonyme des Aciéries de France.
Société anonyme des hauts fourneaux, forges et aciéries de Denain et Anzin.
Société des mines de Saint-Rémy (Calvados).
Société des mines de fer de Saint-André (Calvados).
Société anonyme des mines de zinc d'Aïn Arko, Paris.
Société française de recherches et d'exploitations pour favoriser le développement de la richesse minière en France, Paris.
Société des mines de la Bellière, Paris.

Grands Prix.

Bergeron (P.-J.), Paris.
Breton (M.-L.), Calais.
Chambre des Houillères du Nord et du Pas-de-Calais (Viala, Président), Douai.
Civet, Pommier et Cⁱᵉ, Paris.
Comité des Mines de fer et des Forges de Meurthe-et-Moselle, Nancy.
Gruner (E.), Paris.
Le Nickel (Société anonyme), Paris.
Mines de Béthune (Compagnie des), Bully-les-Mines (Pas-de-Calais).
Mines de Bruay (Compagnie des), Bruay. (Pas-de-Calais).
Mines de Dourges (Société civile des), Hénin-Liétard (Pas-de-Calais).
Mines de la Lucette (Société nouvelle des), Paris.
Ministère des Travaux Publics : Carte géologique détaillée de la France et Service des topographies souterraines, Paris.
Ministère des Travaux Publics : École nationale supérieure des Mines, Paris.
Mokta-el-Hadid (Compagnie des minerais de fer magnétique de), Paris.
Pont-à-Mousson (Société anonyme des Hauts Fourneaux et Fonderies de), Pont-à-Mousson (Meurthe-et-Moselle).
Société centrale de Produits chimiques, Paris.
Société anonyme des Houillères de Saint-Étienne, Saint-Étienne.
Ville de Paris : Inspection générale des carrières de la Seine, Paris.

Diplômes d'honneur.

Bornet (Camille), Paris.
Dunod (H.) et Pinat (E.), Paris.
Farcot (Emmanuel) fils, La Plaine-Saint-Denis.
Société des ocres de France, Auxerre.

Médailles d'or.

Bel (J.-M.), Paris.
Compagnie minière de Bong-Miu (Annam) Paris.
La Renaissance (Société ardoisière de), Fumay (Ardennes).
Mines de Guergour (Société des), Paris.
Monin (J.), Paris.

Médaille d'argent.

Montebras, Limited, Paris.

Médailles de bronze.

Organe des Intérêts industriels de la région du Nord (*Mines. — Métallurgie*) Douai (Nord).
Robert (L.), Paris.

CLASSES 64-65.

Grosse métallurgie. — Petite métallurgie.

(Groupe XI.)

Hors concours (Membres du Jury).

Dans les raisons sociales, les noms de MM. les Jurés sont en italique et placés entre parenthèses.

Anthoine (L.-A.) Paris.
Deville, Pailliette, Forest (*Henri Paillette*), Charleville.
Pinot (Ed.) et Cie (*Édouard Pinot*), Paris.
Wessbecher (Emile), Paris.

Hors concours
(par application de la Convention.)

Société anonyme des établissements Bauche, Reims.

Grands prix.

André (Morel), Saint-Nicolas, près Revin (Ardennes).
Bac et ses fils, Paris.
Comptoir métallurgique de Longwy, Longwy-Bas (Meurthe-et-Moselle).
Forges et aciéries de Commercy (Société anonyme des), à Commercy (Meuse).

Laurent-Colas, Bogny-sur-Meuse (Ardennes).
Lefort et Cie (Forges et Clouteries réunies de Mohon) Mohon (Ardennes).
Marcadet fils, Château-Regnault (Ardennes).
Société anonyme des hauts fourneaux et fonderies de Pont-à-Mousson, à Pont-à-Mousson (Meurthe-et-Moselle).
Société des Agrafes Françaises, Paris.
Société métallurgique de La Bonneville, Paris.
Société métallurgique du Périgord, Paris.

Diplômes d'honneur.

Bourgain (E.) et Cie, Paris.
Châtillon (Emmanuel), Brioude (Haute-Loire).
Devinat (Maurice), Paris.
Jonas et Lainé, Saint-Denis.
Pechenar (H.) et E. Vasson, Château-Regnault (Ardennes).
Société anonyme des Usines de Rosières, Bourges (Cher).
Société des Applications de l'Acétylène, Paris.
Société française pour la fabrication des tubes, Louvroil (Nord).

Médailles d'or.

Bénard (Georges, Paris.
Mettetal (Emile), Paris.
Société anonyme métallurgique de la Gaudinière, Paris.

Médailles d'argent.

Bauchet et Sinigre, Paris.
Bernard et Cie, Châlons-sur-Marne.
Boussin (Jules), Paris.
Chavane (L.), Paris.

Médaille de bronze.

Bureau (J.) et Gasselin, Paris.

Mention honorable.

Roullier (Alexandre), Paris.

CLASSE 66.

*Décoration fixe des édifices publics
et des habitations.*

(Groupe XII-A.)

Hors concours (Membres du Jury).

Dans les raisons sociales, les noms de MM. les Jurés sont en italique et placés entre parenthèses.

Bergeotte (Louis), Paris.
Bigaux (Louis), Paris.

Bonnaud (Paul), Paris.
Borderel, Boyer et Cie *(Ernest Borderel)*, Paris.
Bouvard (Roger), Paris.
Brot (Charles), Paris.
Cornil (Georges), Paris.
Dupard (René), Paris.
Frantz-Jourdain, Paris.
Guilbert (Albert), Paris.
Guillaume (Henri), Paris.
Guimard (Hector), Paris.
Mansard et Houry *(Georges Mansard)*, Paris.
Monduit (Ph.), Paris.
Pélissier (Bruno), Paris.
Schwartz et Meurer *(Albert Schwartz)*, Paris.
Selmersheim (Pierre), Paris.

———

Bliault (Eugène), Paris. (Cl. 406).

Hors concours
(par application de la Convention).

Busson et Bertin, Paris.
Remlinger et Vinet, Paris.
Vernon (F. de), Paris.

Grands prix.

Arnaud (Édouard), Paris.
Bardin (Louis), Paris.
Besdel (Eugène), Paris.
Bigot (Alexandre), Mer (Loir-et-Cher).
Bonnier (Louis), Paris.
Bourgeot (Louis), Paris.
Collectivité André Délieux, Paris.
Constant-Bernard, Paris.
Decorchemont (François), Paris.
Duthoit (A.), Paris.
Duvelleroy (Georges), Paris.
École municipale Bernard-Palissy, Paris.
École nationale des Beaux-Arts de Lyon, Lyon.
École nationale des Arts décoratifs de Paris.
École nationale des Arts industriels de Roubaix, Roubaix.
École régionale des Beaux-Arts de Rennes, Rennes.
Feuillatre (Eugène), Paris.
Fontaine et Vaillant, Paris.
Huvé (Louis), Paris.
Lachenal (Edmond), Châtillon (Seine).
Lecœur et Moriquand, Paris.
Maison (Louis), Les Riceys (Aube).
Masson-Détourbet, Paris.
Mericskay (François), Paris.
Montarnal (de) Frères, Paris.

Ory-Robin (Mme), Paris.
Plumet (Charles), Paris.
Rodont (Édouard), Paris.
Scheidecker (Franck), Paris.
Schuffenecker (A.), Meudon (Seine-et-Oise).
Société d'Encouragement à l'Art et à l'Industrie, Paris.
Toudoire (Marius), Par
Turck (Georges), Lille.
Ville de Paris : Service d'organisation et d'installation de l'Exposition de la Ville de Paris.
Vinant (Georges), Paris.

Groupement des artistes décorateurs :

Bonvallet (Lucien), Paris.
Couty (Edme), Courbevoie (Seine).
Dammouse (Albert), Paris.
Dufrène (Maurice), Paris.
Lambert (Théodore), Paris.
Mezzara (Paul), Paris.
Saint-André de Lignereux, Paris.
Sarazin et Sauvage, Paris.

Diplômes d'honneur.

Borderel (Jean), Paris.
Bouix (Lucien), Paris.
Brandon (R.), Paris.
Chauvet (Léonce), Paris.
Cheminais et Cie, Paris.
Chevalié fils, Paris.
École municipale Germain-Pilon, Paris.
École nationale des Arts décoratifs de Nice, Nice.
Fournery (Félix), Paris-Auteuil.
Garnier (Camille), Paris.
Gigou (Louis), Paris.
Gonot (Gabriel), Paris.
Guenne (Georges), Paris.
Kovacs (André), Paris.
Larue et Boussard, Paris.
Majou (Gustave), Paris.
Noël (Paul), Paris.
Pachy (Edmond), Roubaix (Nord).
Raynaud (Léon), Paris.
Rey (Adolphe), Paris.

Groupement des artistes décorateurs :

Alaphilippe (Camille), Paris.
Becker (Edmond), Paris.
Bénédictus (Édouard), Paris.
Bourgoin (Eugène), Paris.
Calvet (Grégoire), Paris.
Carrier-Belleuse, Paris.

Croix-Marie, Paris.
Decœur, (Émile), Paris.
Galleroy (Mathieu), Paris.
Le Feuvre (Arsène), Le Mans (Sarthe).
Rapin (Henri), Paris.
Régius (Ed.), Paris.
Selmersheim (Mme), Neuilly-sur-Seine.
Vallombreuse, Paris.

Médailles d'or.

Avog-Alaphilippe (Mme), Paris.
Baguès frères, Paris.
Besnard (Alfred), Paris.
Cortolezzis (Ferdinand), Paris.
École municipale et régionale des Arts industriels de Reims, Reims.
École municipale et régionale des Beaux-Arts de Nancy, Nancy (Meurthe-et-Moselle).
École nationale des Beaux-Arts de Marseille.
École régionale des Beaux-Arts de Rouen, Rouen (Seine-Inférieure).
Ernest (Gaston), Paris.
Farcy (Georges), Paris.
Greber (Charles), Beauvais (Oise).
Guillemin (Joseph), Paris.
Latapy (Auguste), Paris.
Lebrun et fils, Paris.
Lucas et Maugery, Paris.
Picard (Ernest), Paris.
Rumèbe (Fernand), Paris.
Schenck (Édouard), Paris.
Tarrit, Paris.

Groupement des artistes décorateurs :

André (Alexis), Paris.
Boutet de Monvel, Paris.
Caron (Alexandre), Paris.
Coudyser (Jules), Paris.
Fix-Masseau, Paris.
Grenaut (Mme Louise), Paris.
Landry (Abel), Paris.
La Rochefoucauld (Hubert de), Paris.
Lelièvre (Eugène), Paris.
Levasseur (Henri), Paris.
Mangin (Mlle Marc), Paris.
Martin (Eugène), Paris.
Sarlandie (Jules), Limoges.
Séguy (Émile), Paris.
Simmen (Henri), Paris.
Testard (Maurice), Paris.

Médailles d'argent.

Baubien (Léon), Paris.
Cahen (Alphonse), Paris.

Derudder, Paris.
Fournez (Robert), Paris.
Franck-Vidal, Paris.
Jacquin (Arthur), Paris.
Kalas (Ernest), Paris.
Le Bois Cérams, Paris.
Lemaire (Constant), Paris.
Maugue (Jean), Paris.
Rasumny (Félix), Paris.
Sinell (Georges), Paris.
Stoullig, Paris.
Trihel, Paris.
Vergnolet et Chauvaux, Paris.

Groupement des artistes décorateurs :

Baeyens, La Varenne-Chennevières (Seine).
Bastard (Georges), Paris.
Desma (Mlle Marthe), Neuilly-sur-Seine.
Joannon (Étienne), Paris.
Lacoste, Paris.
Lhote (Edmond), Paris.
Mangin (Joseph et Pierre), Nancy.
Nowak (Georges), Paris.
Peccatte (Charles), Saint-Dié (Vosges).
Rivaud (Charles), Paris.
Rozet, Paris.
Thomasse (J.-A.), Paris.
Truffier (Adolphe), Paris.

Médailles de bronze.

Cohen-Alba (Mme), Paris.
Jackson (Blanche), Paris.

Groupement des artistes décorateurs :

Archambaut (Arthur), Paris.
Brindeau de Jarny (Paul), Paris.
Cordier (Henri), Paris.
Desvalières (Mlle Sabine), Paris.
Gardey (Léon), Paris.
Giot (Maurice), Paris.
Jallot (Léon), Paris.
Peters-Desteract (Albert), Pontoise (Seine-et-Oise).
Szabo, Paris.

Mentions honorables.

Marie (Eugène), Suresnes (Seine).

Groupement des artistes décorateurs :

Binet (A.), Saint-Mandé (Seine).
Bon (Mlle Hélène), Neuilly-sur-Seine.
David (S.), Paris.

Deverin (Roger), Paris.
Ernest-Marie (Mme), Paris.
Ferlet (Auguste), Paris.
Gabriel-Claude (Mme), Paris.
Gaudry-Dieutegard, Paris.
Gueyton (Camille), Paris.
Guichard (Mme), Paris.
Jorel (Alfred), Paris.
Lambert (Léon), Boulogne-sur-Seine.
Lavenir (Mme), Paris.
Marchandise (Mlle), Paris.
Martin-Sabon (Mme), Paris.
Mathey (L.) et Lebault (J.), Paris.
Morlet (Henri), Saint-Denis (Seine).
Réveillon (J.), Paris.
Roussel (Armand), Paris.
Royer de Mauvillain (Mme Amélie), Paris.
Senart (Louis), Paris.
Teyssonnières (P.), Paris.
Wasley (P.), Paris.

CLASSE 67.

Vitraux.

(Groupe XII-A.)

Hors concours (Membre du Jury).

Trézel (L.), Levallois-Perret (Seine).

Grand prix.

Gaudin (F.), Paris.

Diplômes d'honneur.

Balmet (L.), Grenoble (Isère).
Bruin et Guillemin, Paris.

Médaille d'or.

Simon (Paul), Reims (Marne).

CLASSE 68.

Papiers peints.

(Groupe XII-A.)

Hors Concours (Membres du Jury).

*Dans les raisons sociales, les noms de MM. les Jurés
sont en italique et placés entre parenthèses.*

Société anonyme des anciens établissements Desfossé
et Karth (*Eugène Desfossé*), Paris.
Petitjean (Joseph), Paris.

Grands prix.

Benda (Georges) et Frère, Paris.
Follot (Ch.), Paris.
Société de protection des « Enfants du papier
peint », Paris.

Médaille d'or.

Dournel (Eugène), Paris.

CLASSE 69.

Meubles à bon marché et meubles de luxe.

(Groupe XII-B.)

Hors concours (Membres du Jury).

*Dans les raisons sociales, les noms de MM. les Jurés
sont en italique et placés entre parenthèses.*

Clair (Maxime), Paris.
Rey (Georges), Paris.
Soubrier (François et Paul) (*Paul Soubrier*), Paris.

Grands prix.

Chevrel et Pied-Chevrel, Paris.
Jémont (Sylvain), Paris.
Linke (François), Paris.
Mercier frères, Paris.

Diplômes d'honneur.

Delmas (Edmond), Paris.
Gouverneur (Albert), Paris.
Rigault (Mme Louis), Paris.

Médailles d'or.

Boudet (Victor), Paris.
Collectivité des fabricants de meubles et des fabri-
cants de sièges, Paris.
Cruyen (Armand-Mathieu), Paris.
Darras (Albert), Paris.
Gouffé jeune, Paris.
Mioland et Lelogeais, Paris.
Muller (Georges), Paris.

Médaille d'argent.

Arnavielhe (Paul), Montpellier (Hérault).

Mention honorable.

Coryn (J.-E.), Paris.

CLASSE 70.

*Tapis. — Tapisseries et autres tissus
d'ameublement.*

(Groupe XII-B.)

Hors concours (Membres du Jury).

*Dans les raisons sociales, les noms de MM. les Jurés
sont en italique et placés entre parenthèses.*

Cornille frères *(Paul Cornille)*, Paris.
Mellerio, Faussé, Vaudier et Cⁱᵉ *(Maxime Mellerio)*,
Paris.

Grands prix.

Braquenié et Cⁱᵉ, Paris.
Hamot (R. et L.), Paris.
Legrand frères, Paris.

Diplôme d'honneur

Saurel et Miaulet, à Nîmes (Gard).

Médailles d'or.

Praneau (Albert), Paris.
Schenk (Jean), Paris.

CLASSE 71.

Décoration mobile et ouvrages du tapissier.

(Groupe XII-B.)

Hors concours (Membres du Jury).

Poteau, Paris.
Rémon (P.-H.), Paris.

Grands prix.

Nelson (H.), Paris.
Société française de Baguettes, Paris.
Tardif (A.), Paris.

Médailles d'or.

Bauve (Léon), Paris.
Compagnie des clous *Au Soleil*, Paris.
Morenvillier (L.), Paris.

Médaille d'argent.

Montaufray et Guéry, Paris.

CLASSE 72.

Céramique.

(Groupe XII-B.)

Hors concours (Membres du Jury).

*Dans les raisons sociales, les noms de MM. les Jurés
sont en italique et placés entre parenthèses.*

Brault (Alfred), Paris.
Guffroy (Veuve) et Minne *(Émile Minne)*, Paris.
Haviland (Théodore) *(H. de Laze)*, Limoges.
Société des Produits céramiques et réfractaires de
Boulogne-sur-Mer *(Léon Yeatman)*.

———

Société des Établissements Poulenc frères, Paris
(Cl. 87).

Hors concours

(par application de la Convention).

Deshoulières-Jager, Chauvigny (Vienne).

Grands prix.

Gentil, Bourdet et Cⁱᵉ, Billancourt.
Gilardoni frères, Pargny-sur-Saulx (Marne).
Lacroix (A.) et Cⁱᵉ, Paris.
Loebnitz (Jules), Paris.
Méran frères, Paris.
Metz (Arthur), Paris.
Naudot (C.) fils et Cⁱᵉ, Paris.
Toisoul, Fradet et Cⁱᵉ, Paris.

Diplômes d'honneur.

Frugier (René) et Cⁱᵉ, Limoges.
Quentin et Cⁱᵉ, Paris.

Médailles d'or.

Anthès et Cⁱᵉ, Londres.
Goldscheider (Frédéric), Paris.
L'Herminé-Declercq (Émile), Orchies (Nord).
Société anonyme des Produits céramiques de Rambervillers (Vosges).

Médailles d'argent.

Granger (Albert), Paris.
Marchand (Veuve) et Fils, Paris.

Médailles de bronze.

Chaligné et Demazy, Paris.
Hanne (Alph.), L'Isle-Adam (Seine-et-Oise).
Schaart (A.) et Cⁱᵉ, Aubervilliers.
Union céramique de Saint-Germer (Oise).

Classe 73.

Cristaux. — Verrerie.

(Groupe XII-B.)

Hors concours (Membres du Jury).

Dans les raisons sociales, les noms de MM. les Jurés sont en italique et placés entre parenthèses.

Appert frères (*Léopold Appert*), Clichy (Seine).
Dewavrin (Daniel), Masnières (Nord).
Harant et Guignard (*Louis Harant*), Paris.

Hors concours
(par application de la Convention).

Bonnaud (P.), Limoges (Haute-Vienne).

Grands prix.

Compagnies réunies des Glaces et Verres spéciaux du Nord de la France (*M. Georges Despret*), Jeumont (Nord).
Verreries et Cristalleries de Saint-Denis (Legras et Cⁱᵉ), Plaine-Saint-Denis (Seine).

Martin (René) et Cⁱᵉ, Saint-Denis (Seine).
Saint-Hilaire, Touvier, Viollet et Cⁱᵉ, (Cristallerie de Pantin), Pantin et Paris.
Verrerie de Bagneaux (Anciens établissements Bernard), Bagneaux près Nemours (Seine-et-Marne).

Diplôme d'honneur.

Barrez (Charles), Arques (Pas-de-Calais).

Médailles d'or.

Chappuy (G.) (Verreries de Frais-Marais), Douai (Nord).
Paquier (Marc), Paris.

Médailles d'argent.

Franke (Jules), Paris.
Lang (Jules) et Son, Eu (Seine-Inférieure).
Grandes Verreries de Croismare (Société anonyme), (Meurthe-et-Moselle).

Classes 76, 77, 78 et 79 réunies.

Matériel et procédés de la filature, de la corderie, de la fabrication des tissus, du blanchiment, de la teinturerie, de l'impression des matières textiles, de la couture et de la fabrication de l'habillement.

(Groupe XIII-B.)

Hors concours (Membres du Jury).

Dans les raisons sociales, les noms de MM. les Jurés sont en italique et placés entre parenthèses.

Guillaumet (A.) (Les fils de) et Chappat (E. (*Eugène Chappat*), Suresnes (Seine).
Tissages et Ateliers de construction Diederichs (Ch. (*Charles Diederichs*), Bourgoin-Jallieu (Isère).

Hors concours
(par application de la Convention).

Bichourg (A.), Paris.
Société Électro-Textile, Paris.

Diplôme d'honneur.

L'Huillier (Henri), Paris.

Médaille d'or.

Boisson (L.) et Cie, Paris.

Médailles d'argent.

Drossner (H.) et Cie, Paris.
Guinet (Eugène), Fures-Tullins (Isère).
Muron (A.), Paris.

Médaille de bronze.

Rossignol (Abel), Voiron.

Mentions honorables.

Courteix (Fernand), Paris.
Hennebo, Paris.

CLASSES 80-81.

*Fils et tissus de coton. — Fils et tissus de lin,
chanvre, etc. — Produits de la corderie.*

(Groupe XIII-A.)

Hors concours (Membres du Jury).

*Dans les raisons sociales, les noms de MM. les Jurés
sont en italique et placés entre parenthèses.*

Barentin et fils (*Georges Badin*), Barentin.
Boureart et Cie (*Jules Boureart*), Montbéliard.
Cousin frères (*Vincent Cousin*), Comines.
David et Maigret (*Arthur David-Méante*), Paris.
Laederich (Ch.) fils et Cie (*René Laederich*), Paris.
Société anonyme des Établissements Wibaux-Florin
    (*René Wibaux*), Roubaix.
Société anonyme des filatures, corderies et tissages
    d'Angers (*Julien Bessonneau*), Angers.
Simonnot-Godard et fils (*Joseph Simonnot-Godard*),
    Paris.

Grands prix.

Association cotonnière coloniale, Paris.
Berger (Casimir) et Cie, Rouen (Seine-Inférieure).
Blanchisserie et Teinturerie de Thaon, Thaon
    (Vosges).
Collectivité du Syndicat cotonnier de l'Est, Épinal.

En participation :
    Ancel-Seitz et fils, Granges (Vosges).
    André, La Bresse (Vosges).
    Antoine (A.), Fougerolles (Haute-Saône).
    Bauduin, Risler et Cie, Luxeuil (Haute-Saône).
    Bechmann et Cie, Blamont (Meurthe-et-Moselle).
    Berger-Sahler, Montbéliard (Doubs).
    Bezanson (G. et G.), Breuches (Haute-Saône).
    Bian (L.) et Cie, Danjoutin (Territoire de Bel-
        fort).
    Blanchisserie et Teinturerie de Thaon (Vosges).
    Bluche, Le Thillot (Vosges).
    Bluche, Plainfaing (Vosges).
    Boucher, Mura et Cie, Ronchamp (Haute-Saône)
    Chagué et Cie, Cornimont (Vosges).
    Chagué-Hertzog, Val-d'Ajol (Vosges).
    Chatel, Épinal (Vosges).
    Chatel-Mégnin, Épinal (Vosges).
    Chevalier (Ed.), Épinal (Vosges).
    Claude (Alphonse), Gérardmer (Vosges).
    Colle (A.), la Corveraine (Haute-Saône).
    Coninck (de), Remiremont (Vosges).
    Courant-Sahler, Montbéliard (Doubs).
    Diestch et Cie, Saint-Dié (Vosges).
    Dussère-Marchal, Saint-Maurice (Vosges).
    Établissements Flageollet, Vagney (Vosges).
    Établissements Kiener, Éloyes (Vosges).
    Établissements Kullmann, Épinal (Vosges).
    Febvrel frères, Jarménil (Vosges).
    Filature de Béchamp, Béchamp (Vosges).
    Filature de la Gosse, Épinal (Vosges).
    Filature des Mousses, Val-d'Ajol (Vosges).
    Filature d'Héricourt, Héricourt (Haute-Saône).
    Fleurot (J. et E.), Val-d'Ajol (Vosges).
    Geliot (H.) et Perrin, La Bresse (Vosges).
    Géliot (N.) et fils, Plainfaing (Vosges).
    Georges (Édouard), Val-d'Ajol (Vosges).
    Gérard (P.), Rochesson (Vosges).
    Germain (Albin), Ventron (Vosges).
    Germain frères, Ventron (Vosges).
    Germain Willig et Cie, Thaon (Vosges).
    Godel, Saint-Maurice (Vosges).
    Gros-Roman et Cie, Le Thillot (Vosges).
    Haffner-Pinot, Fresse (Vosges).
    Hartmann (M.), Épinal (Vosges).
    Journé (P.), Moussey (Vosges).
    Juillard et Mégnin, Épinal (Vosges).
    Kahn (A. et N.), Lang et Cie, Épinal (Vosges).

Kempf (Eugène), Gautier (Léon) et Cie, Épinal (Vosges).

Kempf (Vve C.), Moyenmoutier (Vosges).

Kiener (Jean), et fils, Le Mesnil (Vosges).

Kœchlin (Isaac), Audincourt (Doubs).

Lang (E.) et fils, Remiremont (Vosges).

Les fils de J. Dorget, La Longine (Haute-Saône).

Les fils d'Emmanuel Lang, Nancy (Meurthe-et-Moselle).

Les fils de N. Roussel, La Bresse (Vosges).

Les fils de Scheurer-Sahler et Cie, Lure (Haute-Saône).

Les fils de Victor Perrin, Thiéfosse (Vosges).

Les Héritiers de Georges Perrin, Cornimont (Vosges).

Léon Sahler, Audricourt (Doubs).

Les Successeurs de Fritz Kœchlin, Ramonchamp (Vosges).

Lévêque frères, Saint-Maurice (Vosges).

Marchal (A.), Lunéville (Meurthe-et-Moselle).

Marchal (N.), Saint-Amé (Vosges).

Mathey, Senones (Vosges).

Mieg (Ch.) et Cie, Luxeuil (Haute-Saône).

Mulard et Cie, Bayon (Meurthe-et-Moselle).

Mougel Humbert Claude, La Bresse (Vosges).

Nicolas-Caimant (Vve), Cornimont (Vosges).

Nansé (Vve F.), Le Saulcy (Vosges).

Perret-Huteau (Vve), Le Harcholet (Vosges).

Perrin (P.) et Cie, Nomexy (Vosges).

Peters et Cie, Nomexy (Vosges).

Peters (V.), Nomexy (Vosges).

Pinot (Ed.), Rupt-sur-Moselle (Vosges).

Pinot (R.), Rupt-sur-Moselle (Vosges).

Quétel et Cie, Luxeuil (Haute-Saône).

Renard (P.), Corcieux (Vosges).

Schwartz, Antuszewicz et Cie, Remiremont (Vosges).

Société anonyme des Filatures et Tissages de Saint-Maurice et des Lesses, Saint-Maurice (Vosges).

Société anonyme des tissus de Golbey, Épinal.

Société anonyme des tissus de laine des Vosges, Le Thillot (Vosges).

(Meurthe-et-Moselle).

Société cotonnière de l'Est, Vincey (Vosges).

Société cotonnière de Mirecourt, Mirecourt (Vosges).

Société cotonnière H. Géliot, Remiremont (Vosges).

Société de Filature et Tissage de Saint-Nicolas-du-Port (Meurthe-et-Moselle).

Société des Filatures de Blainville, Blainville

Société d'industrie cotonnière de Mulhouse, Mulhouse (Alsace).

Tissage de Roville, Roville (Meurthe-et-Moselle).

Velin (Charles), Saulxures (Vosges).

Vincent, Ponnier et Cie, Senones (Vosges).

Walter-Seitz, Granges (Vosges).

Weill (Guillaume), Épinal (Vosges).

Werth (E.), Laveline (Vosges).

Wilz et Feltz, Épinal (Vosges).

Xavier fils, Cuny et Cie, Thaon (Vosges).

Zeller frères, Etueffont-Bas (Territoire de Belfort).

Ziégler et Cie, Épinal (Vosges).

Defretin (Ed.), Halluin (Nord).

Esnault-Pelterie, Barbet-Massin et Cie, Paris.

Établissements Denceux frères, Paris.

Frings (Maurice) et Cie, Paris.

Guerry-Duperay, Roanne (Haute-Loire).

Guillemaud (C.) aîné et Cie, Seclin (Nord).

Hamelle, Vivien et Cie, Saint-Pierre-les-Elbeuf (Seine-Inférieure).

Holden (Isaac) et fils, Croix.

Jalla (Ed.), Paris.

Kahn (A. et N.), Lang et Cie, Épinal (Vosges).

Lemarchand jeune, Rouen (Seine-Inférieure).

Manchon, Lemaitre et Cie, Bolbec (Seine-Inférieure).

Meyer et Cie, Rouen.

Société anonyme des anciens établissements Girard, Déville-lès-Rouen (Seine-Inférieure).

Successeurs de Fritz Kœchlin et Cie, Paris.

Syndicat des filateurs de chanvre et d'étoupes de France, Lille.

Syndicat des filateurs de coton de Roubaix, Roubaix (Nord).

En participation :

Cavrois-Mahieu, Roubaix.

Dazin-Motte fils, Roubaix.

Motte et Blanchot, Roubaix.

Motte (Étienne) et Cie, Roubaix.

Motte (les fils d'Alfred), Roubaix.

Motte-Bossut fils, Roubaix.

Mulliez frères, Roubaix.

Société Anonyme de Roubaix, Roubaix.

Verhaeghe-Vandewynckèle, Halluin (Nord).

Diplômes d'honneur.

Blanchisserie et Teinturerie de Cambrai, Cambrai (Nord).

Ireland et Cie, Houplines-sur-Lys (Nord).

Société anonyme des tissus de Golbey, Épinal (Vosges).

Médailles d'or.

Catteau-Hassebroucq (L.) fils, Comines (Nord).

Cribier (Henri), Paris.

Lazarus (J.), Paris.

Plantrou (Eugène), Oissel (Seine-Inférieure).

CLASSE 82.

Fils et tissus de laine.

(Groupe XIII-A.)

Hors concours (Membres du Jury).

Dans les raisons sociales, les noms de MM. les Jurés sont en italique et placés entre parenthèses.

Blin et Blin (*Ernest Blin*), Elbeuf (Seine-Inférieure).
Dreyfus (Edmond) et frères (*Edmond Dreyfus*), Paris.
Franchet, Olivier (Marcel) et Cⁱᵉ (*Franchet*), Elbeuf (Seine-Inférieure).
Mathon (E.) et Dubrulle fils (*Eugène Mathon*), Tourcoing (Nord).
Pollet (C. et J.) (*César Pollet*), Roubaix (Nord).
Rousseau (Jules) et Day (E.) (*Jules Rousseau*), Sedan (Ardennes).

Grands prix.

Allar, Rousseau et Cⁱᵉ, Roubaix.
Carissimo (F. et H.), Roubaix (Nord).
Collectivité de l'Union des Teinturiers et apprêteurs de Roubaix.
En participation :
Browaeys de Geyter (Edmond) et fils, Roubaix.
Browaeys (Georges) et Cⁱᵉ, Roubaix.
Cattcau (Georges), Roubaix.
Declercq frères, Hem.
Derreumaux frères et Cⁱᵉ, Roubaix.
Deschepper et Cⁱᵉ, Roubaix.
Dubar (J. et A.), Roubaix.
Ernoult-Bayart frères, Roubaix.
Hannart frères, Roubaix.
Motte et Delescluse frères, Roubaix.
Motte et Marquette, Roubaix.
Motte et Meillassoux frères, Roubaix.
Mulaton (A.), Hem.
Roussel (Émile) et fils, Roubaix.
Roussel-Desrousseaux et fils, Roubaix.
Wattel-Ferrier (P.) et frère, Roubaix.
Fraenckel-Blin, Elbeuf (Seine-Inférieure).
Glorieux (L. et fils), Roubaix (Nord).
Huet et Mac-Avoy, Roubaix (Nord).
Leclercq-Dupire, Roubaix (Nord).
Levallois et Cⁱᵉ, Paris.
Masse (Paul), Corbin (Somme).
Masurel-Leclercq (C.) et fils, Roubaix (Nord).
Michau (Th. et Cⁱᵉ), Paris.
Motte (Alfred) et Cⁱᵉ, Roubaix.
Roussel (François), père et fils, Roubaix (Nord).
Société anonyme de Peignage de Roubaix.
Ternynck (Henry) et fils, Roubaix.

Diplômes d'honneur.

Florin (Auguste) et fils, Roubaix (Nord).
Peignage de l'Épeule, Roubaix.
Pollet (Achille et Pierre), Tourcoing.
Robert-Lefebvre, Elbeuf (Seine-Inférieure).

Médailles d'or.

Alloend-Bessand frères, Caudebec-lès-Elbeuf.
Demachy (Ch.), (Société anonyme des usines de Pierrepont), Paris.
Fouan-Leman (Veuve) et fils, Tourcoing.
Klein fils aîné, Sedan (Ardennes).
Lamon (Jules) et fils, Tourcoing.
Malard (Albert) et Cⁱᵉ, Tourcoing.
Peignage de la Tossée, Tourcoing.

Médaille d'argent.

Dequen (Henri), Amiens (Somme).

CLASSE 83.

Soies et tissus de soie.

(Groupe XIII-A.)

Hors concours (Membres du Jury).

Dans les raisons sociales, les noms de MM. les Jurés sont en italique et placés entre parenthèses.

Lyon.

Bonnet et Cⁱᵉ (les petits-fils de C.-J.) (*E. Richard*), Lyon.
Coudurier, Fructus et Descher (*Descher*), Lyon.
Diederichs et Cⁱᵉ (*Théophile Diederichs*), Lyon.
Genin (H.) fils (*Henri Génin*), Lyon.
Pelletier frères (*Étienne Pelletier*), Lyon.
Tronel (F.) et Cⁱᵉ (*F. Tronel*), Lyon.

Saint-Étienne.

Brossy, Balouzet et Cⁱᵉ (*Balouzet*), Saint-Étienne.
Colcombet (F.) et Cⁱᵉ (*Alex. Colcombet*), Saint-Étienne.
Giron frères (*Étienne Giron*), Saint-Étienne.

Paris.

Bourgeois (les fils de B.) (*Charles Bourgeois*), Paris.
Brach et Blum (*Achille Brach*), Paris.
Oppenheimer et Neveu (Albert Picard) Paris.
Raimon (*Albert Raimon*) Paris.

Hors concours
(par application de la Convention).

Lyon.

Chavent père et fils, Lyon.

Saint-Étienne

Epitalon frères, Saint-Étienne.
Forest (J.) et C\ie, Saint-Étienne.
Marcoux, Châteauneuf et Gelas, Saint-Étienne.

Paris.

Oppenheimer (Gust.) et neveu, Paris.

Grands prix.

Lyon.

Algoud et C\ie, Lyon.
Béraud (J.) et C\ie, Lyon.
Bertrand (Henry), Lyon.
Bickert et fils, Lyon.
Bouffier frères, Lyon.
Brunet-Lecomte, Devay et Paule, Lyon.
Chambre de commerce de Lyon, Lyon.
Chatel, Tassinari et C\ie, Lyon.
Fabrique A. Rosset, Lyon.
Guigou père et fils, Lyon.
Jarrosson, Laval et Bornet, Lyon.
Jarrosson (les fils de L.), Lyon.
Morand (Marius), Lyon.
Rousseau (E.) et C\ie, Lyon.

Saint-Étienne.

David (J.-B.), Saint-Étienne.
Deville (Nicolas), Saint-Étienne.
Guinard (J.) et Davier, Saint-Étienne.
Louison (V.) et C\ie, Saint-Étienne.
Staron (P.), jeune et fils, Saint-Étienne.
Vinson (Honoré), Saint-Étienne.

Paris.

Collectivité de la Chambre syndicale de l'industrie
et du commerce parisiens des soieries et rubans :

En participation :
    Ach frères et C\ie.
    Bart (Roland) et C\ie, Paris.
    Bellanger et ses fils.
    Bénédictus, Weill et C\ie.

Blum frères.
Bradfort et Journal.
Delsal et Lejeune.
Dreyfus (Arnaud).
Dupont (O.) et C\ie.
Gaillot, Guinot et C\ie.
Heymann (Ch.).
Jean, Jardel, Chabrier et C\ie (successeurs de
    A. Anfrie et C\ie).
Kahn et Kahn.
Lebrun et C\ie.
Léger, Henry et C\ie.
Lévy frères.
Lorillon et Chevalier.
Mahler, Laval et Adam.
Olivier et C\ie.
Pockès et Baumlin.
Rémond (J.) et C\ie.
Roubaudi et fils.
Weill (Élie) et C\ie.
Vergne et Sauton, Paris.

Diplômes d'honneur.

Lyon.

Dubost et Barret, Lyon.
Oriard et C\ie, Lyon.
Perret (Victor), Lyon.
Quinson (F.) et C\ie, Lyon.
Vial (E.) et C\ie, Lyon.

Saint-Étienne.

Fraisse, Merley et Menu, Saint-Étienne.

Médailles d'or.

Lyon.

Boisson (F.) et Gerin, Lyon.
Chatillon (V.) fils et C\ie, Lyon.
Digonnet (G.), Lyon.
Mathieu (V.) et C\ie, Lyon.
Montaland et Mizgier, Lyon.
Morel, Duménil et Villaret, Lyon.
Sabran et C\ie, Lyon.

Saint-Étienne.

Balay (G.) et C\ie, Saint-Étienne.
Chaize frères, Saint-Étienne.
Chenouf et Bessy, Saint-Étienne.
Descours (Henri), Saint-Étienne.
Deville (J.-B.), Saint-Étienne.

Paris,

Bart (Roland) et C\ie, Paris

Médailles d'argent.

Lyon.

Barret, Anrès et Damiron, Lyon.
Bertrand, Van Doren et Cie, Lyon.
Dufour, Thomas et Galland, Lyon.
Frachon (J.) et Queyras (H.), Lyon.
Lucand (J.), Lyon.

CLASSE 84.

Dentelles, broderies et passementeries.

(Groupe XIII-A.)

Hors concours (Membres du Jury).

*Dans les raisons sociales, les noms de MM. les Jurés
sont en italique et placés entre parenthèses.*

Blanchet (Eugène), Paris.
David frères (*Arthur David*), Paris.
Gabet-Devouge, Caudry (Nord).
Hénon (Henri) et ses fils (*Henri Hénon fils*), Calais
  (Pas-de-Calais).
Lescure (A.), Paris.
Manufactures réunies de tresses et de lacets (*Louis
  Jury*), Saint-Chamond (Loire).
Neveu (Eugène), Paris.
Schiller (René) et Cie (*René Schiller*), Paris.
Thiébaut (Charles), Paris.

Chevron (Maurice), Paris. Cl. 115-B).
David et Maigret (*A. David-Mennet*), Paris, (Cl. 80-81).

Grands prix.

Béquet (H.), Paris.
Béraud (Étienne) et Cie, Paris.
Collectivité de la Chambre Syndicale des Fabricants
  de Tulle et Dentelles de Calais, Calais.
  En participation :
    Basset (Edm.), et Cie.
    Bany et Cie.
    Binaux (F.).
    Butler (V.).
    Duchêne, fils.
    Francis frères.

Hatshorn.
Maxton, Valney et Cie.
Myers (A.).
Ravisse (H.) et Cie.
Collectivité de la Chambre syndicale de l'Industrie
  et du Commerce de la Passementerie pour Dames,
  Paris.
  En participation :
    Albrespy, Paris.
    Bauer, Paris.
    Bernheim frères, Paris.
    Blanc et Cie, Paris.
    Caen (H.) et Frères, Paris.
    Carré, Paris.
    Chevaleau (A.), Paris.
    Coquil et Cay, Paris.
    Doizey (P.) et Cie, Paris.
    Dumoutier, Paris.
    Falconnet, Lemples.
    Faure frères, Saint-Étienne.
    Flamencourt, Paris.
    Fruchard, Paris.
    Gautheret et Criquet, Paris.
    Gerson fils et Neveu, Paris.
    Guerillot, Paris.
    Guye (H.), Paris.
    Haas (F.) et Joseph, Paris.
    Huyart, Paris.
    Jolivet (F.), Paris.
    Jugla (H.), Paris.
    Keim (André), Paris.
    Lambert (Maurice), Paris.
    Laurent-Gauthier, Lyon et Paris.
    Ledreux (Florent), Paris.
    Lévêque, Paris.
    Lethorel et Dard, Paris.
    Lorillon et Chevallier, Paris.
    Martin et Cie, Paris.
    Mathe (de la), Paris.
    Mayer, Paris.
    Melèse, Paris.
    Pilet et Lejeune, Paris.
    Pitais (H.) et Lettre (J.) Paris.
    Placey (J.), Paris.
    Poisson (C.), Paris.
    Poulet, Paris.
    Rigaud (V^e) et fils, Paris.
    Schmidt et Bérard, Paris.
    Sonobio (A.), Paris.
    Société industrielle des Tresses et Lacets, Saint-
      Chamond (Loire).
    Société Saint-Chamonaise de Tresse (Lyon-
      Lewy), Paris.
    Staron jeune et fils, Paris et Saint-Étienne
      (Loire).
    Surne, Paris.

Tavernier et fils, Paris.
Vatelot et frères Roman-Dubois, Paris.
Vaugeois et Binot, Paris.
Weil (A.), Paris.
Weil (Mᵐᵉ Vᵉ Lazare), Paris.
Weil (Simon), Paris.
George (C.), Paris.
Iklé frères, Paris.
Marescot (Paul), Paris.
Sins (Émile), Paris.
Ville de Paris. Collectivité des Écoles professionnelles de Jeunes Filles, Paris.
West (R.), Calais (Pas-de-Calais).

Diplômes d'honneur.

Dreyfus (Édouard), Paris.
Établissements Reichenbach, Paris.
Henninot-Henninot, Caudry (Nord).
Wanecq-Carpentier, Caudry (Nord).

Médailles d'or.

Bellanger et ses fils, Paris.
Brandt (Dettmar) et Cⁱᵉ, Paris.
Foussard-Senac, Paris
Gonin (Benoit), Saint-Paul-en-Jarret (Loire).
Guyot (Catherine) et Cⁱᵉ, Paris.
Heymann (Albert), Paris.
Melville et Ziffer, Paris.
Oudin (L.), Le Puy (Haute-Loire).
Picard frères, Le Cateau (Nord).

Médailles d'argent.

Breton (Henri), Paris.
École professionnelle dentellière pour les enfants de 12 à 15 ans placés sous le patronage de la Chambre de commerce d'Alençon, Alençon (Orne).
Rémond (J.) et Cⁱᵉ, Paris.

Médailles de bronze.

Bazin (René), Angers (Maine-et-Loire).
Hennebo, Paris.
Samzun (B.), Paris.

CLASSE 85.

Industries de la confection et de la couture.

(Groupe XIII-A.)

Hors concours (Membres du Jury).

Dans les raisons sociales, les noms de MM. les Jurés sont en italique et placés entre parenthèses.

Bessand, Bigorne et Cⁱᵉ *(La Belle Jardinière)*, *(Louis Bigorne)*, Paris.
Carette (Georges), Paris.
Cognacq (E.) *(La Samaritaine)* *(Ernest Cognacq)*, Paris.
Dœuillet et Cⁱᵉ *(G. Dœuillet)*, Paris.
Perdoux, Bourdereau, Veron et Cⁱᵉ *(Henri Bourdereau)*, Paris.
Redfern (Charles), Paris.
Storch (Léon), Paris.

Grands prix.

Beer (G.), Paris.
Bogler (G.), Paris.
Braillon (Ch.-Michel), Paris.
Callot sœurs, Paris.
Collectivité de la Couture, Paris.
    En participation :
        Ainé-Montaillé.
        Alice Blum.
        Barroin.
        Berr (G.).
        Bonnaire.
        Callot sœurs.
        Caroline Meyer.
        Detrois et Cⁱᵉ.
        Giraut et Sirié.
        Goguenhem et Cⁱᵉ.
        Lachartroulle (J.-B.).
        Lelong.
        Levilion.
        Maubant-Dugdale.
        Ney sœurs.
        Poiret.
        Reverdot (Léon).
        Rondeau (Émile).
        Tavernier.
Dury et fils (A.), Paris.
Fillot, Ricois, et Cⁱᵉ, *(Au Bon Marché)*, Paris.
Gorse (Jean et Jules), Lyon.
Grands Magasins du Louvre (Société des), Paris.
Halimbourg-Akar réunis (Établissements), Paris.
Hébrard et Cⁱᵉ, Paris.
Kahn (Paul), Paris.
Kriegck (Nicolas), Paris.

Laferrière (Maison), Paris.
Laguionie et Cie (Au Printemps), Paris.
Margaine-Lacroix (Mme), Paris.
Simon et Cie, Paris.

Diplômes d'honneur.

Bertout et Got, Paris.
Diemert et Cie, Paris.
Galeries Lafayette, Paris.
Reverdot (Léon), Paris.
Rondeau (Émile), Paris.
Salomon (Alexis), Paris.

Médailles d'or.

Audouard, Paris.
Gallais (Maurice), (*The Sport*), Paris.
Hase-Pappel, Paris.
Lachartroulle (J.-B.), Paris.
Maréchal et Doucet.
Magnan et Cie, Paris.
Schneider (D.) et Cie, Paris.

Médaille d'argent.

Géo. Harrison, Paris.

CLASSE 86.

Industries diverses du vêtement.

(Groupe XIII-B.)

Hors concours (Membres du Jury).

Dans les raisons sociales, les noms de MM. les Jurés sont en italique et placés entre parenthèses.

Boileau (Th.), Paris.
Boisselier (A.), Paris.
Brossard (Georges) jeune, Paris.
Chandelet (Émile), Paris.
Clapin (Jules), Paris.
Clermont (de) et Cie (*Famchon*), Paris.
Croizat (Camille) (Maison Chabanne et Jourdan)
  (*C. Chabanne*), Paris.
Dehesdin et fils (*G. Dehesdin*), Paris.
Donckèle, Doll et Cie (*G. Donckèle*), Paris.
Fillot, Ricois, Lucet et Cie (*Au Bon Marché*) (*E. Lucet*),
  Paris.

Gillette (Gaston), Paris.
Grillet (J.-E.), Paris.
Guionvar (Paul) et Cie (*Paul Guionvar*), Paris.
Latouche (G.) jeune (*G. Latouche*), Paris.
Leprince (D.) et Baron (G.) (*Désiré Leprince*), Paris.
Liaud frères (*Émile Liaud*), Paris.
Liez (Émile), Paris.
Lolliot (Albert), Paris.
Mayer, Mirtil et frères (Henri Mayer, successeur)
  (*H. Mayer*), Paris.
Parent (A.) fils et Bouchard (G.) (*A. Parent*), Paris.
Picard et Minier (*Hubert Picard*), Paris.
Pinay jeune (Les fils de) (*J. Pinay*), Paris.
Société du caoutchouc manufacturé (Mouillau,
  Fayaud, Chevreau, Laurain et Cie) (*J. Mouillau*),
  Paris.

Benoiston (A.) et Cie (*E. Lefèvre*), Paris (Cl. 115-A).
Cognacq (E.) (*La Samaritaine*) (*E. Cognacq*), Paris
  (Cl. 85).
Philippe, Viallar et Cie, Paris (*P. Viallar*) (Cl. 115-A).

Hors concours
(par application de la Convention).

Leprince (H.), Paris.
Raymond (A.), Grenoble.
Société anonyme des établissements Schorestène
  frères, Paris.
Société anonyme des tricotages à la mécanique, ci-
  devant Zimmerli et Cie, Montbéliard (Doubs).
Société générale de bonneterie, Troyes (Aube).
Villeminot (Lucien) et Cie, Paris.
Vitoux-Derrey et gendre, Troyes (Aube).

Grands prix.

Anfrie et Cie (Jean, Jardel, Chabrier et Cie), Paris.
Anglade et Debauge, Paris.
Bailly (P.) et Cie, Paris.
Barreïros (Berthe), Paris.
Berthelot (E.), Paris.
Biron (C.), Paris.
Bonbon (Louis), Troyes.
Brun (Louis) fils, Arre (Gard).
Bullot et Cornuel, Paris.
Cadolle (Veuve H.) et fils, Paris.
Cambier (P.), Paris.
Canard (A.), Le Puy (Haute-Loire).
Cassé fils, L. Cassé et Laureau, Essonnes (Seine-et-
  Oise).
Charvet (E.), Paris.
Collectivité de la Chambre syndicale des fabricants
  de gants de Grenoble, Grenoble (Isère).

Collectivité des fabricants de chapeaux pour dames, Paris :

En participation :

Atrux (A.).
Bailly (E.).
Chaumonot et Cie.
Daniel (J.-B.).
Liez (E.).
Moors (A.).
Stoffel (F.) jeune.

Collectivité de la Chambre syndicale des fabricants de plumes fantaisie pour modes, Paris :

En participation :

Bordeau (Ed.).
Gacou (P.).
Gratteau (M.).
Gruel et Auchat.
Lacroix (Ém.).
Lurot (M.) et Cie.
Michaud (L.)
Milliot (Veuve H.).
Millon (V.).
Munier (P.).
Palla-Marchetti.
Pellissier (F.).
Pichon (H.) et Cie.
Roussel (L.).

Collectivité de l'industrie des fleurs artificielles de Paris :

En participation :

Assistance paternelle aux enfants employés dans les industries des fleurs et plumes (Société de l'), Paris.
Aucamus (E.).
Bacquet (A.).
Bichelberger (E.).
Blanc (J.).
Chandelet (E.).
Diringer (A.).
Feig (F.).
Feissel (B.).
Geoffroy (Louis).
Germain-Bailly (L.).
Gillette (G.) et Cie.
Girardet (Maurice).
Jacquet (Paul).
Javey et Cie.
Jérome.
Kauffmann (P.).
Lafon frères.
Lavanoux (E.).
Lehoucke (E. et L.).
Libron (F.).
Le Maire-Demouy.
Model (S.).

Nicolas (E.) jeune.
Pinel (Émile).
Plicque (Marcel).
Privat (E.).
Roshem (R.).
Soyez frères.
Vanier (E.).
Verlot (G.) et fils.
Violleau et fils.
Cordier (H.) et fils, Fougères (Ille-et-Vilaine).
Delion et Cie, Paris.
Delmotte (A.), Paris.
Demaret (J.), Paris.
Denis (N.) et fils, Paris.
D'Ennetières (J.-B.) et Cie, Comines (Nord).
Despréaux jeune et fils, Paris.
Dheilly (Émile), Villers-Bretonneux (Somme).
Dressoir, Pémartin, Pulm et Cie, Paris.
Duboc et Cie, Paris.
Favory (A.) et Cie (A. Favory et Thuasne, succ^{rs}), Paris.
Galeries Lafayette (Aux), Paris.
Hatlat (Frédéric), Paris.
Hellstern et Sons, Paris.
Imans (P.), Paris.
Jay (E. et S.), Grenoble (Isère).
Laguionie (G.) et Cie *(Au Printemps)*, Paris.
Langenhagen (Établissements C.-G. de), Nancy (Meurthe-et-Moselle).
Langenhagen (Octave de), Lunéville (Meurthe-et-Moselle).
Legris, Martin et Picard, Nancy (Meurthe-et-Moselle).
Léon (Joseph et Maurice), Paris.
Macdonald, Paris.
Marchand-Hébert et Cie, Andeville (Oise).
Marquis (Eugène), Paris.
Mermilliod (Eugène), Paris.
Meyer *(Au Louvre)*, Paris.
Nisseron (A.), Paris.
Ondineau (G.), Paris.
Petit (Auguste-Gilles), Paris.
Peyrache frères, Paris.
Picard (H. et G.), Paris.
Plantevignes (G.), Paris.
Plé frères, Paris.
Prin-Millon et Cie, Paris.
Quesney (Ch.), Charleval (Eure).
Rey cousins et Cie (Établissements), Caussade (Tarn-et-Garonne).
Rousseau (A.), Paris.
Ruteau et Cie, Paris.
Salamani et Cie, Paris.
Savouré (J.), Paris.
Schmit (Albert), Paris.
Schulmann (J. et L.), Paris.
Schwob (Maurice) et Cie *(100.000 chemises)*, Paris.

Société anonyme Sciama, Paris.
Société anonyme des anciens établissements Coanet, Nancy (Meurthe-et-Moselle).
Thierry frères, Boulogne-sur-Mer (Pas-de-Calais).
Torchebœuf (J.) et Cie, Paris.
Tréfousse et Cie, Chaumont (Haute-Marne).
Vallée et Marion, Paris.
Vallier (Louis), Paris.
Vimont et Linzeler, Paris.
Vinson (Honoré), Saint-Étienne (Loire).
Virlouvet (Lucien), Paris.

Diplômes d'honneur.

Alexandre (Mme Marguerite), Paris.
Averseng (Ch.), Paris.
Bertout et Got, Paris.
Boisson (L.) et Cie, Paris.
Bourdon et Rasse, Paris.
Collot (Michel), Paris.
Courtois (A.), Paris.
Croizier (E.), Paris.
Fournier (E.), Paris.
Gérard (G.), Paris.
Gérard (Louis), Paris.
Gérard-Fortier frères, Paris.
Guillaume fils aîné et Bouton, Paris.
Hervy (Maurice), Paris.
Lemeunier, H. Diederichs et Cie, Paris.
Léoty (E.), Paris.
Pactat (G.) et Courtois (R.), Paris.
Plicque (Marcel), Paris.
Wallach et Lévy, Paris.

Médailles d'or.

Agier (Mlle E.), Paris.
Baudet (Albert), Paris.
Bertin (Paul), Paris.
Billette (P.), Paris.
Bouzinac (H.), Caussade (Tarn-et-Garonne).
Brihaye (Médéric), Glageon (Nord).
Cerf (Henri) et Brunswick, Paris.
Chauvet (L.) et Cie, Paris.
Deslauriers (H.), Paris.
Dondelle (Julien), Saint-Crépin-Ibouvillers (Oise).
Dupuy, Chautard et Cie, Paris.
Ferlin-Maubon, Nancy (Meurthe-et-Moselle).
Hommen, Paris.
Journé (Antoine), Sainte-Savine, près Troyes (Aube).
Juven (M.) et Cie, (Starck et Toufaier, succs.), Paris.
Kretz (Paul-Maurice), Paris.
Lagel-Meier, Paris.
Libron et Cie, Paris.

Logeat (A.), Paris.
Maurice (S.), Paris.
Model (S.), Paris.
Perroudin frères, Nantes (Loire-Inférieure).
Pewny et Carrel, Grenoble (Isère).
Rabeau (Mme), Paris.
Schnéegans (R.), Paris.
Travaillée (Blanche), Paris.

Médailles d'argent.

Barbey (A.), Paris.
Bourdeleau (P.) et Jousse (A.), Paris.
Delot (Edmond), Paris.
Fouilloy (J.) et Fils, Paris.
Lalanne (Ch.), Paris.
Nathan-Franck et Ch. Mayer, Paris.
Samson (F.), Paris.
Suppey (L.), Grenoble (Isère).
Sylvestre (U.) et Cie, Paris.
Wolf (Jules), Paris.

CLASSE 87.

Arts chimiques et pharmacie.

(Groupe XIV.)

Hors concours (Membres du Jury).

Dans les raisons sociales, les noms de MM. les Jurés sont en italique et placés entre parenthèses.

Astier (P.), Paris.
Baube (E.), Paris.
Béhal (Auguste), Paris.
Bélières, Duffoure et Noël (*Auguste Bélières*), Paris.
Deglos (Gabriel), Paris.
Detourbe (Louis-Maurice), Paris.
Duché (T.-M.) et fils (*Alfred Duché*), Paris.
Établissements Poulenc frères (*Camille Poulenc*), Paris.
Le Ripolin (*Paul Letellier*), Paris.
Pascalis (Georges), Paris.
Rousselot et Cie (*Edouard Rousselot*), Paris.

Trouette (E.), Paris. (Cl. 44-54).

Hors concours
(par application de la Convention).

Charabot (Eugène), Paris.
Dussuel et Faure, Paris.
Lundrin et Cie, Paris.

Lefranc et Cⁱᵉ, Paris.
Marot (René), Paris.
Robin (Maurice), Paris.

Grands prix.

Armet de Lisle, Nogent-sur-Marne (Seine).
Bertaut-Blancart frères, Paris.
Bouredeau (Léon), Ivry-sur-Seine.
Buchet (Ch.) et Cⁱᵉ, Paris.
Coignet et Cⁱᵉ, Paris.
Collette (Paul), Nevers (Nièvre).
Comar (F.) et fils et Cⁱᵉ (Laboratoire Clin), Paris.
Cousin-Devos, Haubourdin-Lille(Nord).
Darrasse (Léon) et Cⁱᵉ, Paris.
Deschamps frères, Vieux-Jean-d'Heurs (Meuse).
Etablissements Byla jeune, Gentilly (Seine).
Famel (Pierre), Paris.
Fumouze et Cⁱᵉ, Paris.
Jouisse (Henri), Orléans (Loiret).
Kestner (Paul), Lille (Nord).
Laprévote (S.) et Cⁱᵉ, Lyon (Rhône).
Lelasseur (Philippe), Paris.
Levasseur (G.), Paris.
Lorilleux et Cⁱᵉ, Paris.
Macquaire (Paul) et Cⁱᵉ, Les Lilas (Seine).
Marquet (L.), Paris.
Midy (Léon), Paris.
Milal et Cⁱᵉ, Lyon (Rhône).
Pagès, Camus et Cⁱᵉ, Paris.
Pointet et Girard, Paris.
Quennesson, de Belmont, Legendre et Cⁱᵉ, Paris.
Richter (F.), Lille (Nord).
Roure-Bertrand fils, Grasse (Alpes-Maritimes).
Sittler (Albert), Grasse (Alpes-Maritimes).
Société anonyme des établissements Martignier,
   Agde (Hérault).
Société des établissements Linet (P.), Paris.
Société nouvelle des mines de la Lucette, Paris.
Tancrède et Cⁱᵉ, Paris.
Vernade (Eugène) Paris.

Diplômes d'honneur.

Bernard-Dumas, Creysse (Dordogne).
Biberon Robert, Paris.
Bloche (Albert), Paris.
Chevrier (Dʳ G.), Paris.
Dervillez (Ch.), Paris.
Galbrun (A.) et fils, Paris.
Jacquelin (Georges), Paris.
Lhéritier (A.) et Cⁱᵉ, La Plaine Saint-Denis (Seine).
Méré et Lugin, Orléans (Loiret).
Petit et Albouix, Paris.
Surun et Cⁱᵉ, Paris.

Médailles d'or.

Augé (H.) et Cⁱᵉ, Lyon.
Bertrand (Émile), Annonay (Ardèche).
Bouchéty (L.-E.), L'Étang-la-Ville (Seine-et-Oise).
Bonnaud (Georges), Paris.
Garsonnin et Cⁱᵉ, Paris.
Girard (A.), Paris.
Guénin et Cⁱᵉ, Paris.
Lachery (Léandre), Livry.
Pearson (E.-T.), Paris.
Raynaud (A.), Biarritz.

Médailles d'argent.

Bachelet (J.), Paris.
Bonetti frères, Paris.
Bouty (Ferdinand), Paris.
Delouche (J.), Paris.
Fleury (J.), Paris.
Géraudel (Albert), Sainte-Menehould (Marne).
Jaboin (A.), Paris.
Laleuf (L.-L.) Orléans.
Ménard frères, Thouars (Deux-Sèvres.
Naline, Saint-Denis.
Sapicha (J.), Ivry-Port.
Société *Le Ferment*, Paris.
Swann, Paris.
Thibault-Leroux (A.), Orléans.

Médaille de bronze.

Verley (A.), Villelaumense (Seine).

CLASSE 88.

Fabrication du papier.

(Groupe XIV.)

Hors concours (Membres du Jury).

*Dans les raisons sociales, les noms de MM. les Jurés
sont en italique et placés entre parenthèses.*

Conza (Antoine), Paris.
Fredet (Henri) et Cⁱᵉ *(Henri Fredet)*, Brignoud (Isère.)
Pinel (Georges), Paris.
Wolff, Maunoury et Cⁱᵉ *(Emmanuel Fouchier-Magnon)*,
   Paris.

———————

Rivage (Denis), Paris (Cl. 115-A).

Hors concours
(par application de la Convention).

Braunstein et Cⁱᵉ, Paris.

Grands prix.

Chambon (Louis), Paris.
Chauvin (Henri), Poncé (Sarthe).
Evotte et Germain, Paris.
Séguin (Henri), Paris.
Société des Usines Bergès, Lancey (Isère).

Diplômes d'honneur.

Debouchaud et Cⁱᵉ, Nersac (Charente).
Durif (A.) fils, Ponts-et-Marais, près Eu (Seine-Inférieure).
Durif, Bernard et Levée, Varennes et Cherré (Sarthe).

Médailles d'or.

Breton et Cⁱᵉ, Paris.
Clément Dreyfus, Paris.
Levasseur (R.) et Cⁱᵉ, Paris.
Prioux (P.) et Cⁱᵉ, Paris.

Médailles d'argent.

Chappellier (Louis), Paris.
Debray (Louis) Bolbec.

CLASSE 89.

Cuirs et Peaux.

(Groupe XIV.)

Hors concours (Membres du Jury).

Dans les raisons sociales, les noms de MM. les Jurés sont en italique et placés entre parenthèses.

Chicoineau (Maurice), Orléans.
Combe (A.) et fils et Cⁱᵉ *(Albert Combe)*, Paris.
Enault (A.) et Cⁱᵉ *(Eugène Colas)*, Paris.
Jossier et Cⁱᵉ *(Gabriel Jossier)*, Paris.

Les Tanneries lyonnaises (Société anonyme) *(Jules Goiffon)*, Oullins (Rhône).
Marchand (Charles), Paris.
Masurel et Caen *(Gustave Caen)*, Croix (Nord).
Rogie (Eugène), Lille.

Grands prix.

Aboucaya frères, Paris.
Boucher (Henri), Givet.
Boutin-Douand, Nantes.
Chabbal (M.) et Cⁱᵉ, Graulhet.
Chollet neveu et Cⁱᵉ, Paris.
Collectivité de Graulhet (Tarn).
  En participation :
    Armengaud (Charles).
    Armengaud (Ernest) et fils.
    Andral (Lucien).
    Andrieu (Jean).
    Auque (Veuve).
    Bardou frères.
    Bastide (Adrien) et fils.
    Bastide (Romain).
    Berthoumieu et fils.
    Berthoumieu et Rabary.
    Bignet frères.
    Bosc (Augustin).
    Bouniol.
    Bourdariès (Léon).
    Boyer (Henri).
    Bricussel (Maurel).
    Calmès frères.
    Cantayré frères.
    Castel et Julia.
    Cathalau (Charles) et fils.
    Cathalo et Cⁱᵉ.
    Dauzat (Léon).
    Douat.
    Fabre-Laurent fils.
    Fonvieille et Combès.
    Fonvieille et Maury.
    Gau frères.
    Haymes et Py.
    Hiversenc père et fils.
    Huc (Elie).
    Huc (Jules).
    Imbert (Jules).
    Jocqueviel (Elie).
    Lavit et Cⁱᵉ.
    Mallet frères.
    Manavit (Joseph).
    Marty (Jean).
    Mauriès et Combet.
    Muratet (C.).
    Pagès (Armand).

Perry (frères).
Perry (veuve) et Vaissières.
Sabatié et Constant.
Saulière (Jacques).
Sudre cadet.
Sudre fils aîné.
Tignol-Rouquariès.
Desselas (J.-B.) et fils, Saint-Junien (Haute-Vienne).
Dolat et Cⁱᵉ, Paris.
Domange (A.) et fils, Paris.
Durand (Robert), Enencourt-Léage par Trie-Château.
Floquet (Fernand) et Fils, Saint-Denis.
Hervé (Jules), Châteaurenault.
Landron (H.) fils, Meung-sur-Loire.
Lanier (Victor), Paris.
Levert (Léon), Lille.
Pédaillès (A.), et Cⁱᵉ, Paris.
Placide-Peltereau (Veuve) le jeune frère, Château-
  renault (Indre-et-Loire).
Poullain-Beurier, Paris.
Prévot-Carrière (J.-M.) et fils, Paris.
Ribes (Joseph), Annonay (Ardèche).
Sorrel frères et Cⁱᵉ, Moulins (Allier).
Syndicat général des cuirs et peaux de France,
  Paris.
Tenneson (Joseph), Châteaurenault (Indre-et-Loire).
Tréfousse et Cⁱᵉ, Chaumont (Haute-Marne).
Villette-Gaté, Nogent-le-Rotrou (Eure-et-Loir).

Diplômes d'honneur.

Goldstein (Jacques), Carvin (Pas-de-Calais).
Grawitz (Auguste) et fils, Marseille (Bouches-du-
  Rhône).
Guillaumet (Émile), Grenoble (Isère).
Tavernier et Quezin, Paris.

Médailles d'or.

Berthin (Louis), Gentilly (Seine).
Giroix (P.) fils, Montreuil-sous-Bois (Seine).
Lacoste (D.) et Cⁱᵉ, Gradignan (Gironde).
Michel-Salomon (Edmond), Paris.
Pédaillès (Clément), Paris.
Pinot frères et Cⁱᵉ, Paris.
Robaut (Auguste), Douai (Nord).
Rossero (D.) et fils, Gentilly (Seine).

Médaille d'argent.

Passot (Émile), Paris.

CLASSE 90.

Parfumerie.

(Groupe XIV.)

Hors concours (Membres du Jury).

*Dans les raisons sociales, les noms de MM. les Jurés
sont en italique et placés entre parenthèses.*

Distillerie Française de la Vallée-des-Roses *(G. Pi-
  chelin)*, Paris.
Espinasse et Pichelin *(Gaston Pichelin)*, Paris.
Michaud *(Ernest Michaud)*, Aubervilliers (Seine).
Roger et Gallet *(Edmond Gallet)*, Paris.

Hors concours
(par application de la Convention).

Chiris (Antoine), Grasse (Alpes-Maritimes).
Javal et Parquet (Maison Houbigant), Paris.
Klotz (H. et G.), Paris.
Lautier fils, Grasse (Alpes-Maritimes).
Parfumeries de Seillans, Seillans (Var).
Piver (L.-T.) et Cⁱᵉ, Paris.
Plassard (L.), Paris.
Raynaud (Veuve), Paris.
Rieqlès (de), Paris.
Roure-Bertrand fils, Grasse (Alpes-Maritimes).

Grands prix.

Dupont (J.), Argenteuil (S.-et-O.).
Pierre (Les héritiers du Dʳ), Paris.
Tombarel frères, Grasse (Alpes-Maritimes).

Diplôme d'honneur.

Wertheimer et Cⁱᵉ, Paris.

Médaille d'or.

Bijou (Th.), Bordeaux.

Médaille d'argent.

Mayaudon (Éd.), Bordeaux.

Mentions honorables.

Montségur, Paris.
Société française des Produits du Docteur Roja, Paris.

CLASSE 91.

Tabacs.

(Groupe XIV.)

Hors concours (Membres du Jury).

Dans les raisons sociales, les noms de MM. les Jurés sont en italique et placés entre parenthèses.

Bardou-Job et Pauillac (*Ant. Calvet*), Toulouse (Haute-Garonne).
Bastos (J.), Oran (Algérie).
Braunstein et Cie (*Jules Cohen*), Paris.

Hors concours
(par application de la Convention).

Weil (Daniel), Paris.

Grands prix.

Bardou (Eugène) et Cie, Perpignan (Pyrénées-Orientales).
Chambon (Louis), Paris.
Hallerer (Edmond), Paris.
Jeantet-David, Saint-Claude (Jura).
Régie des Manufactures de l'État français, Paris. (H. Autran, représentant, Londres.)
Société anonyme des Papiers Abadie, Paris.

Médaille d'or.

Chambre syndicale des Tabacs et Industries qui s'y rattachent, Paris.

Médailles d'argent.

Broussaud (E.) et Bonfils (A.), Angoulême.
Robert-Weil (E.), Paris.

CLASSE 92.

Papeterie.

(Groupe XIV.)

Hors concours (Membre du Jury).

Dans les raisons sociales, les noms de MM. les Jurés sont en italique et placés entre parenthèses.

Plisson (Henri) et Cie (*Henri Plisson*), Paris.

Hors concours
(par application de la Convention).

Lefranc et Cie, Paris.

Grands prix.

Baignol et Farjon, Boulogne-sur-mer (Pas-de-Calais).
Bourgeois aîné, Paris.
Fortin et Cie (Ch. Darras et H. Fortin), Paris.
Hadrot (Paul), Paris.

Diplômes d'honneur.

Michelin (Charles), Paris.
Plateau, Paris.

Médailles d'argent.

Berville (Paul), Paris.
Julhin (Jules-César), Paris.

Médaille de bronze.

Rosemann (M.), Paris.

CLASSE 93.

Coutellerie.

(Groupe XV.)

Médaille d'argent.

Villadère fils, Olliergues (Puy-de-Dôme).

Classe 94.

Orfèvrerie.

(Groupe XV.)

Hors concours (Membres du Jury).

Dans les raisons sociales, les noms de MM. les Jurés sont en italique et placés entre parenthèses.

Aucoc (André), Paris.
Risler (A.) et Carré *(Georges Carré)*, Paris.

Hors concours
(par application de la Convention).

Collectivité des fabricants de couverts, Paris.
  En participation :
    Barrier (Charles).
    Boivin (Victor).
    Coignet (Louis).
    Debain (A.).
    Henin et Cie.
    Henry frères et Cie.
    Maillard.
    Murat.
    Puiforcat-Tabouret.
    Ravinet (L.) et Denfert (Ch.).
    Risler (A) et Carré.
    Soufflot (Henri).

Grands prix.

Armand-Calliat, Lyon (Rhône).
Christofle et Cie, Paris.
Henry frères et Cie, Paris.

Médaille d'or.

Harleux, Paris.

Classe 95.

Joaillerie et bijouterie.

(Groupe XV.)

Hors concours (Membres du Jury).

Dans les raisons sociales, les noms de MM. les Jurés sont en italique et placés entre parenthèses.

Piel frères *(Paul Piel)*, Paris.
Rouzé (Gustave), Paris.
Templier (Paul), Paris.
Téterger (Henri) fils, Paris.

Sandoz (Gustave-Roger) *(Jury Supérieur)*, Paris.

Hors concours
(par application de la Convention).

Ecalle (Auguste), Paris.
Quennesson, de Belmont, Legendre et Cie, Paris.

Grands prix.

Boucheron, Radius et Cie, Paris.
Eknayan (Atanik), Paris.
Fornet (Veuve Amédée) et Decourcelles (Charles), Bourg-en-Bresse (Ain).
Gaimbard (G.), Paris.
Henry (Léon), Paris.
Nussbaum et Hérold, Paris.
Ruteau et Cie, Paris.
Savard et fils, Paris.
Sordoillet (Ernest), Paris.
Vaguer (Léon), Paris.
Vever (P. et H.), Paris.

Diplômes d'honneur.

Auger frères, Paris.
Blum (Albert), Paris.
Franchet (Arthur), Paris.
Mossand (C.), Paris.
Paquier (Albert) et Cie, Paris.
Vauhourzeix (Georges), Paris.

Médailles d'or.

Camus (J.), Paris.
Charguereaud (Napoléon), Paris.
Démaré (Victor), Paris.
Drouet (G.), Paris.
Franck-Lefort, Paris.
Leroy (G.) et Cie, Paris.
Poucet (Auguste), Paris.
Quentin (Eugène-Gustave), Paris.

Médailles d'argent.

Brossier (Paul), Paris.
Mittler (L.) jeune, Paris.
Noiriel (Marcel), Paris.
Vagnier (Edmond), Paris.

Médailles de bronze.

Rochefort et Cie, Paris.
Schwab frères, Auxelles-Haut (Haut-Rhin français).

CLASSE 96.

Horlogerie.
(Groupe XV.)

Hors concours (Membres du Jury).

Dans les raisons sociales, les noms de MM. les Jurés sont en italique et placés entre parenthèses.

Geismar et Cie (*C. Geismar*), Besançon (Doubs).
Hébert (Sidney), Paris.
Henri Picard (Les fils de) et Cie (*Fernand Dreyfus*), Paris.
Lévy (Paul), Besançon (Doubs).

Grivolas (Claude), Paris (Cl. 26).

Hors concours
(par application de la Convention).

Carry (Otto), Paris.
Favre-Heinrich (Les fils de), Besançon (Doubs).
Hour (Charles), Paris.
Loiseau (A.), Besançon (Doubs).
Vachet (R.), Paris.

Grands prix.

Bailly (Roger), Besançon (Doubs).
Bloch (Jacques), Besançon (Doubs).
Floersheim (Gaston), Besançon (Doubs).
Japy frères et Cie, Beaucourt (Territoire de Belfort).
Lipmann frères, Besançon (Doubs).
Meyer (Georges), Paris.
Silvant (E.) fils aîné, Besançon (Doubs).

Diplôme d'honneur.

Delépine-Barrois, Saint-Nicolas-d'Aliermont (Seine-Inférieure).

Médailles d'or.

Galibert (Louis), Le Havre (Seine-Inférieure).
Kummer (Édouard), Besançon (Doubs).
Mirault (M.), Les Riceys (Aube).
Najosky (Alphonse), Sancey-le-Long (Doubs).

Médaille d'argent.

Maillot-Fournier et Cie, Besançon (Doubs).

Médaille de bronze.

Bernard (Georges), Paris.

CLASSE 97.

Bronze, fonte et ferronnerie d'art.
Métaux repoussés.
(Groupe XV.)

Hors concours (Membres du Jury).

Soleau, Paris.
Susse frères (*Jacques Susse*), Paris.

Hors concours
(par application de la Convention).

Jourdan (A.), Paris.
Pinédo (E.), Paris.
Raingo frères, Paris.

Grands prix.

Bricard (J.-C.), Paris.
Leblanc-Barbedienne (G.), Paris.

Médaille d'or.

Goldscheider (F.), Paris.

Médaille d'argent.

Société française de Sculpture d'art (Ve F. Gavaroc et Cie), Paris.

Médaille de Bronze.

Gaide et Sabatier, Paris.

CLASSE 98.

Brosserie, Maroquinerie, Tabletterie et Vannerie.
Petits bronzes et Articles de fumeurs.
(Groupe XV.)

Hors concours (Membres du Jury).

Dans les raisons sociales, les noms de MM. les Jurés sont en italique et placés entre parenthèses.

Joannot (Émile) fils, Paris.
Leloir frères (*Georges Leloir*), Paris.
Schloss (Adolphe), Paris.

Dupont (Émile) et Cie, (*Émile Dupont, 1er Vice-Président du Jury Supérieur*), Paris.
Latouche (Gustave) jeune, Paris (Cl. 86).

Grands prix.

Ainson (G.), Paris.
Baudry fils (H.), Paris.
Bonnet (Claude), Paris.
Genty (Louis), Risbec et Lami, Paris.
Houlet (Eugène), Paris.
Maurey-Deschamps (Félix), Paris.
Ollivon (Henry), Paris.
Pilet aîné et Cie, Paris.
Prévost (Lucien), Paris.
Proffit (E.), Paris.
Rosenwald (Edmond), Paris.
L'Oyonnithe (Société anonyme nouvelle), Paris.

Diplômes d'honneur.

Chambre syndicale des fabricants de peignes d'Oyonnax (Ain).
Hasslauer (Vve), de Champeaux, Quentin père et fils à Givet (Ardennes).
Jeantet-David, Saint-Claude (Jura).
Plisson (J.) et fils, Paris.
Quentin et Cie, Paris.
Roolf et Cie, Paris.
Société industrielle de Celluloïd, Paris.
Soyez frères, Saint-Maur-les-Fossés (Seine).
Tirot et Larmuzeaux, Paris.
Vaquin et Schweitzer, Le Havre (Seine-Inférieure).

Médailles d'or.

Ailliot (Eugène), Paris.
Carlhian frères, Paris.
Duchemin (Mathieu), Paris.
Laforest (E.), Paris.
Maury (Gaston), Rennes (Ille-et-Vilaine).
Normand (Félix), Paris.
Schweitzer (Louis) Fils, Paris.

Médailles d'argent.

Badel (A.) et Chassagnade, Paris.
Cornette (Honoré), Paris.
Robert-Weil, Paris.

CLASSE 99.

Industrie du caoutchouc et de la gutta-percha.
Objets de voyage et de campement.

(Groupe XV.)

Hors concours (Membres du Jury).

Dans les raisons sociales, les noms de MM. les Jurés sont en italique et placés entre parenthèses.

Établissements Bergougnan et Cie (*Mathieu Bergougnan*), Clermont-Ferrand (Puy-de-Dôme).
Le Renard (V.), Alfortville (Seine).
Louis Vuitton (*Georges Vuitton*), Paris.

Hors concours
(par application de la Convention).

Biermé, Halluin (Nord).

Grands prix.

Henry (René), Paris.
Porte (Léon), Paris.

Médailles d'or.

Gillard (A.-D.) fils, Paris.
Delachanal (L.), Charenton (Seine).
Goyard (E.) aîné, Paris.
Société parisienne du Caoutchouc Industriel, Paris.

Médaille d'argent.

Compagnie des Clous « *Au Soleil* », Paris.

CLASSE 100.

Bimbeloterie.

(Groupe XV.)

Hors concours (Membres du Jury).

Du Serre Telmon (Joseph), Paris.
Martin (Fernand), Paris.

Société d'électricité « Nil Melior » Paris, (Cl. 25).

Hors concours
(par application de la Convention).

Bourgeois Aîné, Paris.
Chauvin (Alexis), Paris.

Grands prix

Decamps, Paris.
Garnier (Société anonyme des Établissements A.), Paris.
Jost et Cie, Paris.
Lenoble (G.), Paris.
Vincent (Eug.), Paris.

Diplômes d'honneur.

Bernard (Léon), Paris.
Kratz-Boussac, Paris.
Pierrugues (Mme Vve), Paris.

Médailles d'or.

Bontems (Ch.), Paris.
Boyard, Paris.
Comptoir général de la Bimbeloterie, Paris.
Dandrieux, Paris.
Hénin (E.), Paris.
Romain fils, Paris.
Seigneurie (E.), Paris.
Trollé (Léon), Paris.

Médailles d'argent.

Bournay (A.), Paris.
Choumara, Paris.
Girard-Kreis, Paris.
Le Montreer (Daniel), Paris.
Obry (Jules), Paris.
Schmeltz et Besnard, Paris.
Trousseau (Mme Vve), Paris.
Vulette (N.), Paris.

Médailles de bronze.

Clerc (N.), Saint-Denis (Seine).
Montagne (Gilbert), Paris.
Rivière (Ph.), Paris.
Simon (Mme Vve), Paris.

Mention honorable.

Masson (Émile), Paris.

CLASSES 101-105.

*Apprentissage. — Protection
de l'Enfance ouvrière. — Sécurité des ateliers.
Réglementation du travail.*

(Groupe XVI.)

Hors concours (Membres du Jury).

Bonjean (Georges), Paris.
Fontaine (Arthur), Paris.
Siegfried (André), Paris.

Grands prix.

Association des Industriels de France contre les accidents du travail, Paris.
Association philotechnique, Paris.
Association polytechnique pour le développement de l'instruction populaire, Paris.
École professionnelle de la Chambre syndicale du papier, Paris.
Ministère du Travail et de la Prévoyance sociale : Direction du Travail, Paris.
Société de protection des Apprentis et des Enfants employés dans les manufactures, Paris.

Diplômes d'honneur.

Bonjean (Louis), Paris.
Imprimerie Chaix, Paris.
Orphelinat des Chemins de fer français, Paris.
Société de patronage des Apprentis du XVIIe arrondissement, Paris.
Union des Colonies de vacances et Œuvres du grand air de la région parisienne, Paris.

Médailles d'or.

Assistance paternelle aux enfants employés dans les industries des fleurs et plumes, Paris.
Esnault-Pelterie, Barbet-Massin et Cie, Paris.
Patronage laïque du IIe arrondissement, Paris.
Sachet, Grenoble (Isère).

Médailles d'argent.

Association ouvrière de l'hygiène et de la sécurité des travailleurs et des ateliers, Paris.
Canard (A.), Le Puy (Haute-Loire).
Paraf (Georges), Paris.

CLASSE 102.

Rémunération du travail.
Participation aux bénéfices.

(Groupe XVI.)

Hors concours (membres du Jury).

Beudin (Ernest), Pomponne (Seine-et-Oise).
Delombre (André), Paris.
Hussenot de Senonges, Paris.

Grands prix.

Baille-Lemaire et fils, Paris.
Brugniot, Gros et Cie, Paris.
Charles Tulcu (fonderie Deberny et Cie), Paris.
Compagnie d'Assurances Générales contre l'incendie, Paris.
Compagnie universelle du Canal maritime de Suez, Paris.
Imprimerie Chaix, Paris.
La Nationale (incendie), Paris.
La Nationale (vie), Paris.
Laroche-Joubert et Cie, Angoulême (Charente).
Le Bon Marché (maison Aristide Boucicaut), (Fillot, Ricois, Lucet et Cie), Paris.
L'Union (Compagnie d'Assurances contre l'incendie), Paris.
Société pour l'Étude pratique de la Participation du Personnel dans les bénéfices, Paris.
Tassart, Balas et Cie, Paris.
Thuillier fils et Lassalle, Paris.

Diplômes d'honneur.

Le Conservateur (Compagnie anonyme de Gestion d'Assurances sur la vie), Paris.
Société des Journaux et Imprimeries de la Gironde, Bordeaux.

Médaille d'or.

Cazalet et fils, Bordeaux.

Médaille de bronze.

Wickham (G. et H.), Paris.

Mention honorable.

Usines du Pied-Selle, Fumay (Ardennes).

CLASSE 103.

Grande et petite industrie.
Associations coopératives de production
ou de crédit.
Syndicats professionnels.

(Groupe XVI.)

Hors concours (Membres du Jury).

Briat, Paris.
Carmichaël, Paris.
Fagnot, Paris.
Jouanny, Paris.
Picquenard, Paris.
Saudray, Paris.
Tricheux, Paris.

Grands prix.

Alliance syndicale du commerce et de l'industrie, Paris.
Association des ouvriers en instruments de précision, Paris.
Association des ouvriers en limes, Paris.
Association générale du Commerce et de l'Industrie des tissus et des matières textiles, Paris.
Association des Tapissiers, Paris.
Banque coopérative des Associations ouvrières de production, Paris.
Banque populaire de Menton, Menton (Alpes-Maritimes.
Chambre consultative des Associations ouvrières de production, Paris.
Comité central des Chambres syndicales, Paris.
Comité central des Houillères de France, Paris.
Fédération française des Travailleurs du Livre, Paris.
Fédération des Ouvriers Mécaniciens, Paris.
Groupe des Chambres syndicales du bâtiment et des industries diverses, Paris.
La Lithographie parisienne, Paris.
Schneider et Cie, Paris.
Société d'ouvriers peintres *Le Travail*, Paris.
Société du Gaz de Paris, Paris.
Société générale des Ouvriers Ferblantiers, Paris.
Société *Les Charpentiers de Paris*, Paris.
Union des Chambres syndicales lyonnaises, Lyon.
Union des Syndicats patronaux des Industries textiles de France, Paris.

Diplômes d'honneur.

Association des Ouvriers en voitures réunis, Paris.
Chambre syndicale des Agents représentants pour l'exportation, Paris.
Chambre syndicale du Papier et des Industries qui le transforment, Paris.
Fédération centrale des Chambres syndicales de l'Industrie, du Bâtiment et des Travaux publics, Paris.
Fédération des Commerçants détaillants de France, Paris.
Fédération des Syndicats de charcutiers de France, Paris.
Fédération des Syndicats patronaux du bâtiment du Nord-Ouest de la France, Rennes (Ille-et-Vilaine).
Fédération française des Syndicats de l'Épicerie et du Syndicat de l'Épicerie française, Paris.
Fédération nationale du Bâtiment et des Travaux publics, Paris.
Imprimerie *La Laborieuse*, Nîmes.
Imprimerie Nouvelle, Paris.
Rayneri, Paris.
Société des Ouvriers menuisiers de Limoges, Limoges.
Syndicat de la Boulangerie de Paris, Paris.
Syndicat des Employés du commerce et de l'industrie, Paris.
Syndicat professionnel des Employés de chemins de fer, Paris.
Union des Ouvriers serruriers, Paris.
Union fraternelle des Employés de commerce et de l'industrie de Lyon, Lyon.
Verrerie ouvrière d'Albi, Paris.

Médailles d'or.

Association coopérative des Ouvriers menuisiers et charpentiers de Poitiers, Poitiers (Vienne).
Association des Lanterniers, Paris.
Association des Piqueurs de grès, Paris.
Association générale des Agents des postes, des télégraphes et des téléphones de France et des colonies, Paris.
Association générale des Sous-Agents des postes et des télégraphes de France et des colonies, Paris.
Association ouvrière de biseautage et de polissage de glaces à la mécanique *L'Avenir*, Paris.
Banque populaire de Cannes, Cannes (Alpes-Maritimes).
Chambre syndicale de la Photographie et de ses applications, Paris.
Chambre syndicale des Ouvriers en instruments de précision, Paris.
Chambre syndicale ouvrière des Pâtissiers de la Seine, Paris.
Chambre syndicale patronale des Coiffeurs de Paris, Paris.

Fédération des Employés de France, Rouen (Seine-Inférieure).
Imprimeurs sur étoffes, Lyon.
Les Charpentiers réunis, Paris.
Société coopérative des Dentistes de France, Paris.
Société coopérative des Ouvriers replanisseurs de parquets, Paris.
Société des Sculpteurs décorateurs, Paris.
Société ouvrière *L'Avenir du bâtiment*, Paris.
Syndicat de la Boulangerie du département de la Seine et régions limitrophes, Paris.
Syndicat général des Industries françaises de la teinture, Paris.
Syndicat national des Ouvriers des postes, des télégraphes et des téléphones, Paris.
Syndicat professionnel des Mariniers, *L'Alliance batelière*, Paris.
Union des syndicats de la Boulangerie française, Paris.
Union philanthropique des Employés de commerce de la ville et de l'arrondissement de Rouen, Rouen.
Verrerie des Vernes, à Rive-de-Giers (Loire).

Médailles d'argent.

Association des Maçons et Ouvriers du bâtiment de Dun-sur-Auron (Cher).
Association des Ouvriers plombiers, couvreurs, zingueurs du département de la Seine, Paris.
Chambre syndicale des Marchands de couleurs au détail de France, Paris.
Fédération des Chambres syndicales patronales du Bâtiment et des Travaux publics de l'Est et du Sud-Est, Lyon.
Fédération des syndicats patronaux des Entrepreneurs de travaux publics et du bâtiment du Nord-Est de la France, Épinal (Vosges).
Fédération des syndicats patronaux du Sud-Ouest, Toulouse (Haute-Garonne).
La Photogravure moderne, Paris.
Société anonyme *Les Fondeurs réunis de Chalon-sur-Saône*, Chalon-sur-Saône.
Société *Imprimerie moderne de musique*, Paris.
Société industrielle des Tailleurs de pierre de Besançon et du Doubs, Besançon (Doubs).
Société *L'Espérance*, Paris.
Syndicat des Chirurgiens-dentistes de France, Paris.
Syndicat de la Presse de l'Alimentation, Paris.
Syndicat national des Employés, gens de maison et assimilés des deux sexes de France et des Colonies, Paris.
Union photographique française, Paris.

Médailles de bronze.

Association amicale des Commis libraires français, Paris.
Association coopérative *Couverture-plomberie*, Paris.

Association des Ouvriers plâtriers *La Fraternelle*, Morlaix.

Association de la Menuiserie coopérative fédérale, Elbeuf (Seine-Inférieure).

Association ouvrière *La Comptabilité*, Maisons-Alfort (Seine).

Corderie Morlaisienne, Morlaix.

Entreprise de peinture et de vitrerie *La Fraternelle*, Orléans.

Les Menuisiers de Billancourt, Billancourt (Seine).

Les Vignerons libres, Issoudun.

Société anonyme *L'Industrie drapière*, à Vienne (Isère).

Société coopérative des Maçons *La Vaillante*, Saint-Étienne.

Société coopérative des Menuisiers, Rennes.

Société *La Concorde*, (Maçons), Déols, (Indre).

Société *La Galoche aréenne*, Auray.

CLASSE 104.

Grande et petite culture. — Syndicats agricoles. — Crédits agricoles.

(Groupe XVI.)

Hors concours (Membres du Jury).

Decker-David, Paris.

Dufourmantelle, Paris.

Roquigny (de), Paris.

Tardy (Louis), Paris.

Grands prix.

Association centrale des laiteries coopératives des Charentes et du Poitou, Surgères (Charente-Inférieure).

Caisse régionale de crédit agricole mutuel du Midi, Montpellier (Hérault).

Ministère de l'Agriculture : Service du crédit mutuel et de la coopération agricole, Paris.

Union centrale des Syndicats des agriculteurs de France, Paris.

Union du Sud-Est des Syndicats agricoles, Lyon.

Diplômes d'honneur.

Caisse régionale de crédit agricole mutuel de la Beauce et du Perche, Chartres.

Laiteries coopératives :
de la Crèche (Deux-Sèvres).

de Mazières-en-Gâtine (Deux-Sèvres).
de Nalliers (Vendée).
de Saint-Loup-sur-Thouet (Deux-Sèvres).
de Saint-Varent (Deux-Sèvres).
de Saivre-Casharie (Deux-Sèvres).
de Surgères (Charente-Inférieure).

Syndicat des Agriculteurs de Chartres (Eure-et-Loir).

Syndicat des Agriculteurs de la Sarthe, Le Mans.

Syndicat des Agriculteurs de Loir-et-Cher, Blois.

Médailles d'or.

Caisse locale de Crédit agricole de Chartres (Eure-et-Loir).

Caisses régionales de Crédit agricole mutuel :
du Gers, Auch.
de la Gironde, Bordeaux.
des Hautes-Pyrénées, Tarbes.
de Loir-et-Cher, Blois.
du Maine, Le Mans.
du Pas-de-Calais, Arras.
des Pyrénées-Orientales, Perpignan.
de Seine-et-Oise, Étampes.
du Sud-Est, Lyon.
du Sud-Ouest, Aire-sur-l'Adour (Landes).

Caisses d'Assurances mutuelles contre la mortalité du bétail des Hautes-Pyrénées, Tarbes.

Caves coopératives de Gaillac (Tarn).

Coopérative agricole du Sud-Est, Lyon.

Société des Agriculteurs de la Sarthe, Le Mans.

Syndicat agricole de l'arrondissement d'Arras (Pas-de-Calais).

Syndicat agricole, laiteries coopératives et institutions annexes de Saint-Michel-en-l'Herm (Vendée).

Syndicat-Union des Caisses de prévoyance contre la mortalité du bétail de l'arrondissement de Langres.

Union des Sociétés de secours mutuels contre la mortalité du bétail, Le Mans.

Médailles d'argent.

Caisse de crédit pour les membres du Syndicat agricole d'Arras, (Pas-de-Calais).

Caisse régionale de crédit agricole et mutuel de la Haute-Marne, Langres.

Caisse régionale de crédit agricole et mutuel du Santerre, Péronne.

Caisse régionale de crédit agricole mutuel de Beauvais (Oise).

Caisse régionale de crédit agricole mutuel de Bourgogne et de Franche-Comté, Salins (Jura).

Caisse régionale de crédit agricole mutuel de la Haute-Normandie, Lisieux.

Caisse régionale de Crédit agricole mutuel roannaise, Roanne.
Caisse régionale de crédit agricole mutuel de Lille.
Caisse régionale de crédit agricole mutuel de la Haute-Loire, Le Puy.
Caisse régionale mutuelle incendie du Sud-Est, Lyon.
Laiterie coopérative de Lezay (Deux-Sèvres).
Syndicat agricole du Boulonnais, Boulogne.
Syndicat agricole de l'arrondissement de Montreuil (Pas-de-Calais).
Syndicat agricole de l'arrondissement de Saint-Pol (Pas-de-Calais).
La Sarthoise, Caisse d'assurances agricoles contre les accidents du travail, Le Mans.

Médailles de bronze.

Caisse locale de crédit agricole du Boulonnais, Boulogne (Pas-de-Calais).
Caisse locale de crédit agricole pour les membres du syndicat agricole de l'arrondissement de Montreuil-sur-mer (Pas-de-Calais).
Coopérative des Planteurs de choux, Rilleux (Rhône).
Société agricole de crédit mutuel de Saint-Omer (Pas-de-Calais).

CLASSE 106.

Habitations ouvrières.

(Groupe XVI.)

Hors concours (Membres du Jury).

Bliault (Eugène), Paris.
Ferrand (Lucien), Paris.
Risler (Georges), Paris.
Siegfried (Jules), Paris.

Hors concours (par application de la Convention).

Comité central des Houillères de France, Paris.

Hors concours.

La Maison des dames des Postes, Télégraphes et Téléphones, Paris.
La Société de crédit des Habitations à bon marché, Paris.
La Société havraise des Jardins ouvriers, Le Havre.
Schmoll (Louis), Paris.

Grands prix.

Caisse d'épargne et de prévoyance du Rhône.
Carmichaël et Cie, Paris.
Comité de patronage des Habitations à bon marché de la Seine, Paris.
Fondation Rothschild, pour l'amélioration des conditions de l'existence matérielle des travailleurs, Paris.
Menier, Paris.
Ministère du Travail et de la Prévoyance sociale, (Direction de l'assurance et de la prévoyance sociales), Paris.
Schneider et Cie, Paris.
Société anonyme des Habitations ouvrières de Passy-Auteuil, Paris.
Société bordelaise des Habitations à bon marché, Bordeaux.
Société française des Habitations à bon marché, Paris.
Société philanthropique, Paris.

Diplômes d'honneur.

Association fraternelle des Employés et Ouvriers des chemins de fer français, Paris.
Badin (A.) et fils, Barentin (Seine-Inférieure).
La Famille (Société d'habitations ouvrières), Puteaux (Seine).
Le Coin du feu, Saint-Denis (Seine).
Le Foyer Villeneuvois, (Société coopérative de construction de maisons à bon marché), Villeneuve-Saint-Georges (Seine-et-Oise).
Rey (Augustin), Paris.
Société des logements économiques pour familles nombreuses, Paris.
Société des mines de Lens, Lens.

Médailles d'or.

Le Coin de terre et le Foyer (Société anonyme de constructions à bon marché), Orléans (Loiret).
OEuvre bordelaise des jardins ouvriers, Bordeaux.
Société anonyme des Hauts Fourneaux et Fonderies de Pont-à-Mousson, Pont-à-Mousson (Meurthe-et-Moselle).

Médailles d'argent.

Benoit-Lévy (Georges), Paris.
L'Abri familial (Société coopérative d'habitations à bon marché), Paris.
La Maisonnette de Nantes, Nantes.
La Mutuelle habitation, Paris.
Société des habitations économiques de Demain, Paris.

Médailles de bronze.

Œuvre lilloise des jardins ouvriers, Lille.
Société immobilière de la Magdelaine, Villeneuve-Saint-Germain, près Soissons (Aisne).

CLASSE 107.

Sociétés coopératives de consommation.

(Groupe XVI.)

Hors Concours (Membre du Jury).
Gide, Paris.

Grands prix.

Fédération des Sociétés coopératives P.-L.-M. à Grenoble (Isère).
La Revendication, Puteaux (Seine).
Union coopérative des Sociétés françaises de consommation, Paris.

Diplômes d'honneur.

Bourse des Coopératives socialistes de France, Paris.
Magasin de gros des Coopératives de France, Paris.

Médailles d'or.

La Fraternelle, Cherbourg (Manche).
Office coopératif d'achat en commun, Paris.

Médailles d'argent.

L'Ouvrière, Avion (Pas-de-Calais).
Restaurant coopératif des Étudiants de Paris, Paris.
Société coopérative de consommation des Employés de chemin de fer P.-L.-M., à Mâcon, (Saône-et-Loire).
Société coopérative des Ouvriers et Employés du P.-L.-M., à Bellegarde.

CLASSES 108-110.

Institutions pour le développement intellectuel et moral des ouvriers.

(Groupe XVI.)

Hors concours (Membres du Jury).

Conscience, Paris.
Dedet, Paris.
Douarche (Léon), Paris.
Lichtenberger, Paris.
March, Paris.

Grands prix.

Association fraternelle des employés et ouvriers des chemins de fer français, Paris.
Association philotechnique, Paris.
Association polytechnique pour le développement de l'instruction populaire, Paris.
Caisse de prévoyance des agents et employés de la Société Générale, Paris.
Club athlétique de la Société Générale, Paris.
Comptoir National d'Escompte de Paris (pour l'ensemble de ses œuvres sociales).
Département de la Seine : Direction des Affaires départementales, Paris.
École internationale des expositions, Paris.
Musée social, Paris.
Mesureur (Gustave), Paris.
Ministère des Affaires étrangères, Paris.
Ministère du Travail et de la Prévoyance sociale : Office du travail, Paris.
Ministère du Travail et de la Prévoyance sociale : Statistique générale de la France, Paris.
Société académique de comptabilité, Paris.
Société de statistique de Paris, Paris.
Société Générale pour favoriser le développement du commerce et de l'industrie en France (pour l'ensemble de ses œuvres sociales), Paris.
Société nationale d'encouragement au bien, Paris.
Société philomathique de Bordeaux, Bordeaux.
Ville de Paris : Administration de l'octroi.
Ville de Paris : Administration du Mont-de-Piété.
Ville de Paris : Administration générale de l'Assistance publique.
Ville de Paris : Conseil municipal de Paris.
Ville de Paris : Direction des Finances.
Ville de Paris : Préfecture de Police.
Ville de Paris : Service de l'identité judiciaire de la Préfecture de Police.
Ville de Paris : Service des bibliothèques municipales.

Diplômes d'honneur.

Association pour favoriser le placement gratuit des Français à l'étranger et aux colonies, Paris.
Cercle *Amicitia*, Paris.
École professionnelle de jeunes filles (fondation Bischoffsheim), Paris.
Guyot (Yves), Paris.
Société d'encouragement pour le commerce français d'exportation, Paris.
Société d'enseignement moderne, Paris.
Société de réintégration des Alsaciens-Lorrains, Paris.
Société républicaine des conférences populaires, Paris.

Médailles d'or.

Administration et grands magasins Dufayel, Paris.
Association des anciens Élèves de l'École commerciale de Paris, Paris.
Association des instituteurs pour l'éducation et le patronage de la jeunesse, Paris.
Bertrand (Placement gratuit des jeunes Français à l'étranger dans le commerce et l'industrie), Paris.
Bibliothèque populaire des amis de l'instruction du XIIIe arrondissement, Paris.
Bureau municipal de placement gratuit, Paris.
Daniel Lesueur (Mme), Paris.
Fricotté (Louis-Alexandre), Heudicourt (Eure).
La Jeunesse vosgienne, Épinal.
Le Magasin Pittoresque, Paris.
Les Cornéliens, Paris.
Les Défenseurs de Paris, Paris.
Les Enfants de Lutèce, Paris.
Œuvre des voyages scolaires et des colonies de vacances, Reims.
Société des gens de lettres, Paris.
Société populaire des Beaux-Arts, Paris.
Société pour la protection des paysages de France, Paris.
Société pour l'extinction de la mendicité à Bordeaux, Bordeaux.
Union amicale des enfants de la Seine, Paris.
Union des associations philotechniques, Paris.
Université des *Annales*, Paris.

Médailles d'argent.

Association catholique des œuvres de protection de la jeune fille, Paris.
Association philotechnique de Saint-Denis, Saint-Denis (Seine).
Association sténographique unitaire, Paris.
Bibliothèque populaire d'économie sociale, Roubaix (Nord).
Grillet (Louis-Étienne), Rennes (Ille-et-Vilaine).
Harmonie des chemins de fer de l'Ouest, Paris.
Lapierre (R.-V.-M.), Neuilly-sur-Seine (Seine).
La Mère (Œuvre d'assistance aux femmes en couche), Paris.
Orphelinat des Prévoyants de l'Avenir, Paris.
Orphéon de Fourqueux, Fourqueux (Seine-et-Oise).
Société nationale d'encouragement au bien (Section de Bordeaux), Bordeaux.
Société de secours mutuels et Amicale philanthropique de Saône-et-Loire, Paris.

Médailles de bronze.

Armand (Ludovic), Paris.
Leymarie (A.-J.-Adolphe), à Burie (Charente-Inférieure).

Ribouleau (Charles), Reims.
Société d'épargne *La Communauté*, Paris.
Société mutuelle *La Fraternelle*, Fourqueux (Seine-et-Oise).

Mention honorable.

Académie *Paris-Province*, Paris.

CLASSE 109-A.

Mutualité. — Institutions patronales.

(Groupe XVI.)

Hors concours (Membres du Jury).

Bonnier (Francisque), Vienne (Isère).
Hébrard (Jean), Paris.
Lemercier, Paris.
Lourties (Victor), Paris.
Mabilleau (Léopold), Paris.
Mascle, Paris.
Montet, Paris.
Petit (Édouard), Paris.
Thézard (Gaston), Paris.

Hors concours
(par application de la Convention).

Orphelinat mutualiste français, Paris.

Grands prix.

Arboux (Jules), Paris.
Association amicale des anciens élèves de l'école municipale Turgot, Paris.
Association amicale de secours des employés du Comptoir National d'Escompte de Paris, Paris.
Association des Comptables du département de la Seine, Paris.
Association des Voyageurs du commerce et de l'industrie, Paris.
Banque de France, Paris.
Blanchisserie et teinturerie de Thaon, Thaon-les-Vosges (Vosges).
Caisse de pensions et de secours des Employés des recettes centrales, recettes et perceptions de la Seine, Paris.
Caisse de retraite pour les deux sexes : *La Marseillaise*, Marseille.

Caisse de retraites des employés du Comptoir National d'Escompte, Paris.
Caisse de retraites et de prévoyance du personnel du Comptoir National d'Escompte de Paris, Paris.
Comité général des sociétés de secours mutuels et de retraites du Rhône, Lyon (Rhône).
Compagnies des chemins de fer (exposition collective des six grandes Compagnies françaises), Paris.
Direction des chemins de fer de l'État, Paris.
Duquenne (Édouard), Roubaix (Nord).
Fédération internationale de la mutualité française, Paris.
Fédération internationale de la mutualité, Paris.
La Mutualité commerciale, Paris.
La Mutualité maternelle de Paris, Paris.
La Mutualité maternelle de Vienne et de l'Isère, Vienne (Isère).
La Prévoyance commerciale, Paris.
L'Avenir de la Mutualité, Bordeaux.
Le Louvre, Paris.
Les Prévoyants de l'industrie et du commerce roubaisiens, Roubaix (Nord).
Ligue nationale de la prévoyance et de la mutualité. Mairie du VIe arr., Paris.
Menier, Paris.
Ministère du Travail et de la Prévoyance sociale : Direction de la Mutualité, Paris.
Direction de l'Assurance et de la Prévoyance sociales, Paris.
Mutualité scolaire : *La Jeunesse prévoyante de Lille*, Lille (Nord).
Parfumerie Ed. Pinaud, Paris.
Picon et Cie, Levallois-Perret (Seine).
Simon et Cie, Paris.
Société de prévoyance et de secours mutuels des ouvriers et employés de la Maison Leclaire, Paris.
Société de protection mutuelle des Voyageurs de commerce, Paris.
Société des raffinerie et sucrerie Say, Paris.
Société de secours mutuels et de prévoyance des Ouvriers et Employés de la Compagnie du chemin de fer d'Orléans, Paris.
Société de secours mutuels et de retraites : *L'Émulation chrétienne*, Rouen (Seine-Inférieure).
Société philanthropique des Commis et Employés de la ville de Marseille, Marseille.
Société scolaire municipale de Secours mutuels et de retraites du XIXe arr., Paris.
Société philanthropique : *L'Union du Commerce*, Paris.
Union départementale des sociétés de secours mutuels de la Loire, Saint-Étienne (Loire).
Union des mutualités scolaires de la Seine, Paris.
Union mutualiste beaujolaise, Villefranche (Rhône).
Union mutuelle pour l'assurance en cas de décès, Paris.

Vermont, Rouen (Seine-Inférieure).
Ville de Paris : Collectivité des Œuvres d'assistance de la Préfecture de Police :
En participation :
Association des Commissaires de police.
Association des Ouvriers commissionnés des halles centrales.
Association fraternelle des Inspecteurs de Commissariats de police.
Association fraternelle des Secrétaires de Commissariats de police.
Association fraternelle des Sergents de ville de la banlieue de Paris.
Association fraternelle du Personnel de l'administration centrale de la Préfecture de Police.
Société amicale et de prévoyance de la Préfecture de Police.

Diplômes d'honneur.

Association amicale des anciens élèves du collège Chaptal, Paris.
Badin (A.) et fils, Barentin (Seine-Inférieure).
Bleton (Auguste), Lyon (Rhône).
Caisse de retraites et association amicale et philanthropique des employés et courtiers de l'Annuaire Didot-Bottin, Paris.
Christofle et Cie, Paris.
Compagnie des docks et entrepôts de Marseille, Paris.
Dotation de la jeunesse de France, Paris.
Fédération départementale de la mutualité charentaise, Belle-Védelle, par Cognac (Charente).
Fédération départementale des sociétés de secours mutuels de Lot-et-Garonne, Paris.
Fédération des anciens militaires mutualistes du Nord, Lille (Nord).
Fédération des sociétés de secours mutuels de la Haute-Garonne, Toulouse.
Fédération des sociétés de secours mutuels de Tarn-et-Garonne, Paris.
La France Prévoyante, Paris.
La Protection mutuelle des employés et ouvriers des chemins de fer français et des colonies, Paris.
La Samaritaine, Paris.
Le Pain quotidien, Roubaix (Nord).
L'Union, compagnie d'assurances, Paris.
Société amicale de secours mutuels et de placement des Haut-Marnais de Paris, Paris.
Société amicale et philanthropique de Saône-et-Loire, Paris.
Société municipale de secours mutuels du Ier arrondissement de Paris, Paris.
Société municipale de secours mutuels du IXe arrondissement de Paris, Paris.
Société municipale de secours mutuels du XIe arrondissement de Paris, Paris.

Société municipale scolaire de secours mutuels et de retraites du XVIIIe arrondissement de Paris.

Société municipale de secours mutuels des quartiers de la Porte-Saint-Denis et de l'Hôpital-Saint-Louis, Paris.

Société de prévoyance et de secours mutuels des Dames et des Demoiselles du commerce : *L'Avenir*, Paris.

Société de prévoyance et de bienfaisance mutuelles des Gantiers de Grenoble, Grenoble (Isère).

Société de secours mutuels des Cuisiniers de Paris, Paris.

Société de secours mutuels des Employés en librairie de Paris, Paris.

Société de secours mutuels des Familles de Nancy, Nancy (M.-et-M.).

Société de secours mutuels des Garçons de caisse et de recette de la ville de Paris, Paris.

Société de secours mutuels des Ouvriers d'Alençon, Alençon (Orne).

Société de secours mutuels des Voyageurs et Employés de Lille et du nord de la France, Lille (Nord).

Société de secours mutuels et de retraites de la région de Rimogne, Rimogne (Ardennes).

Union départementale des sociétés de secours mutuels de la Gironde, Bordeaux.

Union mutualiste du Rhône, Lyon (Rhône).

Union des Sociétés de secours mutuels et de retraites du Premier Collège de la Seine, Paris.

Médailles d'or.

Appui fraternel des enfants de la Côte-d'Or, Paris.

Association des anciens élèves de l'École commerciale de Paris, Paris.

Association mutuelle des huissiers de France, d'Algérie, des colonies et pays de protectorat, Paris.

Association mutuelle de retraites des employés de la Société anonyme *Paris-France*, Paris.

Caisse de l'orphelinat des Sociétés de secours mutuels du département de Maine-et-Loire, Angers (Maine-et-Loire).

Caisse de réassurance d'Angers et du département de Maine-et-Loire, Angers.

Caisse de retraites de l'Association générale du commerce et de l'industrie des tissus et des matières textiles, Paris.

Filature d'Oissel, Oissel (Seine-Inférieure).

Gilbault (Henri), Carcassonne (Aude).

Goblet, Paris.

Guillot (Léon), Paris.

La Mutualité hôtelière, Paris.

La Tutélaire des postes, télégraphes et téléphones, Paris.

Le Mutualiste lyonnais, Lyon.

Le Nord mutualiste.

Matrat (Paul), Paris.

Médailles militaires de France (Les), société de prévoyance, de secours mutuels et de retraites, Paris.

Muller, Roger et Cie, Paris.

Mutualiste de la Seine, Paris.

Mutualité maternelle roubaisienne, Roubaix (Nord).

Orphelinat des employés de banque et de Bourse, Paris.

Société de prévoyance des artistes dessinateurs et graveurs, Paris.

Société de prévoyance *La Terre promise*, Paris.

Société de retraites *la Boule de Neige*, Paris.

Société des cochers, chauffeurs et valets de chambre de Bordeaux, Bordeaux.

Société de secours mutuels d'Avon (Seine-et-Marne).

Société de secours mutuels des coiffeurs de Paris, Paris.

Société de secours mutuels, de dotations et de retraites des Dames israélites de Paris, Paris.

Société de secours mutuels des établissements Simon frères, Cherbourg.

Société de secours mutuels des garçons de magasin et professions similaires du département de la Seine, Paris.

Société de secours mutuels des gens de maison, Paris.

Société de secours mutuels des ouvriers et ouvrières de la manufacture de tabacs de Nancy, Nancy (Meurthe-et-Moselle).

Société de secours mutuels des sapeurs-pompiers, Saintes (Charente-Inférieure).

Société de secours mutuels et de prévoyance du Raincy.

Société de secours mutuels *la Neptune*, Association amicale des employés de la Compagnie générale des Eaux, Paris.

Société de secours mutuels *la Prévoyance d'Aire-sur-l'Adour* (Landes).

Société des hauts fourneaux et fonderies de Pont-à-Mousson (Meurthe-et-Moselle).

Société générale de secours mutuels et de retraites le « Soutien fraternel des sous-agents et ouvriers des postes, des télégraphes et des téléphones », Paris.

Sociétés scolaires de secours mutuels et de retraite de l'arrondissement de Mézières (Ardennes).

Union de la Charcuterie, Paris.

Union départementale des sociétés de secours mutuels de Seine-et-Marne, Avon (Seine-et-Marne).

Union des Sociétés de Secours Mutuel du Loiret, Orléans (Loiret).

Union du commerce et de l'industrie de Saint-Étienne, Saint-Étienne.

Union médicale et pharmaceutique du département de la Seine, Paris.

Union mutualiste de la Seine-Inférieure et de l'Eure, Rouen, (Seine-Inférieure).

Union nationale des mutualités scolaires publiques, Paris.

Union nationale des présidents de sociétés de secours mutuels de France, Paris.

Vétérans des armées de terre et de mer (Les), Paris.

Médailles d'argent.

Association amicale des commis libraires français, Paris.

Association amicale des sourds-muets de la Seine, Seine-et-Oise et départements limitrophes, Paris.

Association des *Amis de la Prévoyance et de l'Économie*, Paris.

Association des anciens élèves de l'École supérieure de commerce et d'industrie de Bordeaux, Bordeaux.

Association des employés du commerce et de l'industrie de Nîmes (Gard).

Association mutuelle des ouvriers et ouvrières (Ancienne philanthropique de la draperie), Vire (Calvados).

Association de secours mutuels des employés de la ville d'Angers (Maine-et-Loire).

Bertaut-Blancard frères, Paris.

Caisse de retraite des employés de banque, Paris.

Caron (Camille-Ernest), Doullens (Somme).

Comité de la Mutualité coloniale et des pays de protectorat, Paris.

Esnault-Pelterie, Barbet Massin et Cⁱᵉ, Amiens.

Établissements Halimbourg-Akar réunis, Paris.

Fédération des sociétés de secours mutuels de la Somme, Amiens.

Huitième association des employés et agents de la Société générale, Paris.

La Mutualité corporative, Paris.

La Sécurité de la Vieillesse, Paris.

Le Mutualiste de Seine-et-Marne, Avon (Seine-et-Marne).

Les Briards de Paris, Paris.

Mildé (Ch.) fils et Cⁱᵉ, Paris.

Mutualité des femmes caissières, comptables, employées aux écritures et employées de commerce, Paris.

Mutualité scolaire de Champigny-sur-Marne.

Mutuelle des Établissements Deneux frères, à Hallencourt (Somme).

Société d'assistance mutuelle générale *Union et fraternité* entre les Employés des Postes, Télégraphes et Téléphones, Paris.

Société d'épargne des Employés de la Banque de France, Paris.

Société mutuelle de prévoyance Sainte-Véronique, Paris.

Société des Pensionnaires mutuels de la Banque de France, Paris.

Société philanthropique des Commis marchands tailleurs de Paris, Paris.

Société de prévoyance des employés de la Banque de France, Paris.

Société de prévoyance et de secours mutuels des *Amis de la Fidélité*, Paris.

Société de protection mutuelle et de retraites des Voyageurs de commerce de Toulouse et du Sud-Ouest, Toulouse.

Société scolaire municipale de secours mutuels et de retraites du XIIᵉ arr., Paris.

Société scolaire de prévoyance mutuelle et de retraites du Canton de Vanves, Châtillon-sous-Bagneux (Seine).

Société de secours mutuels des Artistes lyriques, Paris.

Société de secours mutuels des Employés de Nancy (Meurthe-et-Moselle).

Société de secours mutuels des Employés de l'Octroi de Bordeaux, Bordeaux.

Société de secours mutuels des Graveurs en tous genres, Paris.

Société de secours mutuels *L'Employé*, Roubaix (Nord).

Société de secours mutuels *L'Union des anciens chasseurs à pied du 29ᵉ bataillon*, Paris.

Société de secours mutuels : *L'Union du Commerce*, Agen (Lot-et-Garonne).

Société de secours mutuels de la Manufacture des biscuits Pernot, Dijon.

Société de secours mutuels et de retraites des Instituteurs et Institutrices de Perpignan, Perpignan (Pyrénées-Orientales).

Société de secours mutuels et de retraites du Greffe du tribunal de Commerce, Paris.

Société de secours mutuels et de retraites *Prévoyance et Solidarité*, Saint-Hilaire-lez-Cambrai (Nord).

Union commerciale d'Avignon, Avignon.

Usines du Pied-Selle, Fumay (Ardennes).

Union des Sous-Agents des télégraphes de la Seine, Paris.

Union fraternelle des Enfants de Saône-et-Loire, Lyon.

Union mutuelle des Aides à la recette de la Banque de France, Paris.

Médailles de bronze.

Association des employés droguistes de la Seine, Paris.

Association mutuelle des Dames employées de la Banque de France, Paris.

Ausseur et Hipp, Paris.

Caisse d'épargne du Personnel de la Banque de France : *l'Union*, Paris.

La Fraternelle des Vieux Allumeurs de Paris (Société de secours mutuels), Paris.

Le Soutien des Familles, Paris.

Musée de la mutualité, Angoulême.

Mutualité maternelle de l'Aube, Bar-sur-Seine (Aube).

Société nationale mutuelle de l'habitation gratuite, Paris.

Société de secours mutuels des Bergers de l'Oise, de l'Aisne et de Seine-et-Marne, Thury-en-Valois (Oise).

Société de secours mutuels des Employés, Voyageurs et Dessinateurs de Saint-Quentin (Aisne).

Société de secours mutuels *La réunion amicale des Enfants de l'Hérault à Toulouse*, Toulouse.

Société de secours mutuels des Mécaniciens conducteurs d'automobiles, Paris.

Société de secours mutuels des Ouvriers teinturiers en soies de la ville de Paris, Paris.

Société de secours mutuels et de retraites du Grand Bazar de la rue de Rennes, Paris.

Union mutualiste des cantons de Roubaix, Roubaix (Nord).

Union des sociétés de secours mutuels et de retraites de l'arrondissement de Pontoise, Le Raincy (Seine-et-Oise).

Mentions honorables.

Caisse des veuves et orphelins des *Vétérans des armées de terre et de mer*, Paris.

La Goutte d'Or, Société nationale de secours en cas d'infirmité et d'assurance mutuelle au décès, Toulouse.

Rey (Alexandre), Lyon.

Société des Auxiliaires aux recettes de la succursale de la Banque de France à Lyon, Lyon.

Société de prévoyance des Ouvriers de l'imprimerie des billets de la Banque de France, Paris.

Société de prévoyance dotale des Enfants du personnel de la Banque de France, Paris.

Société de prévoyance du Personnel de l'usine de la Banque de France, Paris.

Société de secours mutuels de Boursonne (Oise).

Thomas (L.-J.), Paris.

CLASSE 109-B.

Sociétés d'assurance. — Caisses d'épargne.

(Groupe XVI.)

Hors concours (Membres du Jury).

Cerise (Baron), Paris.

Leseur (Félix), Paris.

Matignon, Paris.

Mayer (Paul), Paris.

Paulet, Paris.

Grands prix.

Bellom, Paris.

Caisse d'épargne et de prévoyance de Paris, Paris.

Caisse d'épargne et de prévoyance du Rhône.

Caisse nationale d'épargne postale, Paris.

Caisse nationale des retraites pour la vieillesse, Paris.

Comité des Compagnies d'assurances françaises sur la vie, Paris.

Exposition collective des Compagnies ou Sociétés françaises d'assurances sur la vie, Paris.

Exposition collective des Sociétés mutuelles et Compagnies anonymes d'assurances contre l'incendie, Paris.

Institut des actuaires français, Paris.

Lefort, Paris.

Ministère du Travail et de la Prévoyance sociale : Direction de l'Assurance et de la Prévoyance sociale (Assurances contre les accidents du travail et sur la Vie), Paris.

Ministère du Travail et de la Prévoyance sociale : Direction de l'Assurance et de la Prévoyance sociale (Caisses d'épargne), Paris.

Exposition collective des Sociétés d'assurances mutuelles contre la responsabilité des accidents du travail, Paris.

La Mutuelle de France et des Colonies, Lyon.

Syndicat des Compagnies françaises d'assurances à primes fixes contre les accidents, Paris.

Syndicat général de garantie du Bâtiment et des Travaux publics contre les accidents du travail, Paris.

Diplômes d'honneur.

Caisse d'épargne et de prévoyance de Reims (Marne).

Agence pour la France de la Compagnie *Le Gresham*, Paris.

Société anonyme des Hauts-Fourneaux et Fonderies de Pont-à-Mousson, Pont-à-Mousson (Meurthe-et-Moselle).

CLASSES 111-112.

Hygiène. — Assistance publique et bienfaisance privée.

(Groupe XVI.)

Hors concours (Membres du Jury).

Alphen Salvador (Mme), Paris.
Cheysson (Émile), Paris.
Dreyfus (Ferdinand), Paris.
Fuster, Courbevoie (Seine).
Louiche-Desfontaines, Paris.
Van Brock, Paris.

Hors concours
(par application de la Convention).

Association Valentin Haüy pour le bien des aveugles, Paris.
Bliaut, Paris.

Grands prix.

Alliance d'hygiène sociale, Paris.
Association catholique des œuvres de protection de jeunes filles, Paris.
Association centrale française contre la tuberculose, Paris.
Atelier, refuge, colonie agricole et patronage de Rouen (Seine-Inférieure).
Colonie agricole de Mettray, Paris.
Comité de défense des enfants traduits en justice, Paris.
Comité marseillais de défense des enfants traduits en justice, Marseille.
Comité national des Congrès d'assistance, Paris.
Département de la Seine (Direction des Affaires départementales) : Institution d'hygiène et d'assistance.
École professionnelle d'assistance aux malades, Paris.
Institut Pasteur de Paris.
Landouzy (D^r), Paris.
La Pouponnière, Paris.
Ligue nationale contre l'alcoolisme, Paris.
Ministère de la Guerre : Direction du service de santé, Paris.
Ministère de l'Intérieur : Direction de l'assistance et de l'hygiène publiques, Paris.
Œuvres antialcooliques des Vosges, Thaon (Vosges).
Œuvre des bains-douches, Bordeaux.
Œuvre libératrice : Société de préservation et de relèvement pour les jeunes filles, Paris.

Œuvre des libérées de Saint-Lazare, Paris.
Œuvre de la tuberculose humaine, Paris.
Office central des œuvres de bienfaisance, Paris.
Préservation de l'Enfance contre la tuberculose, Paris.
Société des Crèches, Paris.
Société générale des prisons, Paris.
Société générale pour le patronage des libérés, Paris.
Société internationale pour l'étude des questions d'assistance, Paris.
Société d'allaitement maternel, Paris.
Société de patronage des prisonniers libérés protestants et Maison de travail, Paris.
Société de protection des engagés volontaires, Paris.
Société de secours aux familles des marins pêcheurs naufragés, Paris.
Touring-Club de France, Paris.
Union d'assistance par le travail du XVIe arrondissement, Paris.
Union chrétienne de jeunes gens de Paris, Paris.
Union des colonies de vacances et œuvres du grand air, Paris.
Union française pour le sauvetage de l'enfance, Paris.
Union internationale des amies de la jeune fille, Paris.
Union des Sociétés de patronage de France, Paris.
Ville de Paris (Direction des Affaires municipales) : Institutions d'hygiène et d'assistance.
Ville de Paris : Direction de l'Assistance publique, Paris.
Ville de Paris (Préfecture de Police) : Institutions d'hygiène et d'assistance.

Diplômes d'honneur.

Asile Saint-Léonard, Couzon (Rhône).
Bazar de la Charité, Musée de la Charité et Union charitable et sociale, Paris (Fondation Comte Bruneel).
Comité de la Société des ateliers d'aveugles, Paris.
Conseil national des femmes françaises, Paris.
La Croix Blanche (Société antialcoolique), Paris.
Ligue populaire pour le repos du dimanche.
Mme Pégard (Congrès international des Œuvres et Institutions féminines), Paris.
Maison de travail de Thiais (Seine).
Œuvre de bienfaisance fondée à Belleville par miss de Broen, Paris.
Œuvre des crèches parisiennes, Paris.
Œuvre des enfants tuberculeux d'Ormesson, Paris.
Œuvre nouvelle des crèches parisiennes, Paris.
Œuvre des Orphelins de la Préfecture de police, Paris.
Œuvre des tuberculeux adultes de Paris, Paris.

Patronage des détenues et des libérées, Paris.
Pouponnat maternel de la parfumerie Klotz et Cie, Paris.
Sanatorium de Bligny.
Société amicale de bienfaisance (Mme Weill), Paris.
Société antialcoolique des agents de chemins de fer, Paris.
Société antiesclavagiste, Paris.
Société française de tempérance La *Croix-Bleue*, Paris.
Société pour le patronage des jeunes détenus et des jeunes libérés de la Seine, Paris.
Société protectrice de l'enfance, Paris.
Société de patronage des libérés et des enfants moralement abandonnés du Nord, Lille (Nord).
Société de patronage des prisonniers libérés de Bordeaux.
Société des visiteurs pour le relèvement des familles malheureuses, Paris.
Union d'assistance par le travail du VIe arrondissement, Paris.

Médailles d'or.

Abri de l'enfance, Paris.
Assistance maternelle et infantile de Plaisance, Paris.
Comité d'études et de patronage pour l'amélioration du sort des marins pêcheurs, Paris.
Comité havrais de défense des enfants traduits en justice, Le Havre.
Crèche de la Bastide, Bordeaux.
École des mères, Paris.
L'Enfant, revue mensuelle, Paris.
Le Foyer de l'ouvrière, Paris.
Le Foyer maternel, Paris.
La Goutte de lait, Fécamp (Seine-Inférieure).
Ligue française des mères de famille, Paris.
Œuvre d'assistance par le travail, Fontainebleau (Seine-et-Marne).
Œuvre bordelaise de l'assistance par le travail, Bordeaux.
Œuvre des colonies scolaires de vacances, Paris.
Œuvre des maisons de famille pour jeunes filles isolées, Paris.
Œuvre de propagande scientifique et pratique (L'Enseignement à la caserne), Fontaines-Saint-Martin (Rhône).
Patronage des écoles communales de Dupaty, Bordeaux.
Société antituberculeuse de l'enseignement primaire de la Seine, Paris.
Société de patronage des jeunes adultes, Paris.
Union catholique de la Gironde, Bordeaux.
Union familiale, Paris.
Union française de Bruxelles.

Médailles d'argent.

Charité maternelle, Paris.
Dispensaire de la protection mutuelle des chemins de fer français et des colonies, Paris.
Fondation Félix Barrouin, Paris.
Œuvre des jardins scolaires d'expérience, Bordeaux.
Œuvre des layettes, Paris.
Œuvre du vêtement de l'écolier, Paris.
Patronage des prisonnières libérées, Bordeaux.
Sachet (**M.**), Grenoble (Isère).
Société amicale d'études des bureaux de bienfaisance de Paris.
Union amicale des enfants de la Seine, Paris.

Médaille de bronze.

Comité de la soupe populaire des Ternes, Paris.

CLASSE 111

Hygiène.

(Groupe XVI-B.)

Hors concours (Membres du jury).

Corbeil (Albert), Paris.
Legros (Georges), Paris.

Grands prix.

De Frise (Henry), Paris.
Département de la Seine : Direction des Affaires départementales.
Desgorges, Chartres (Eure-et-Loir).
Le Garrec, Paris.
Méran frères, Paris.
Société générale d'Épuration et d'Assainissement, Paris.
Toisoul-Fradet, Paris.
Touring-Club, Paris.
Ville de Paris : Bureau d'hygiène.
Ville de Paris : Direction des Affaires municipales.
Ville de Paris : Laboratoire municipal de chimie de la Préfecture de Police.
Ville de Paris : Service des eaux et de l'assainissement.
Ville de Paris : Services d'hygiène de la Préfecture de Police.

Diplômes d'honneur.

Kestner, Lille (Nord).
Mantelet, Paris.
Rey, Paris.

Médailles d'or.

Arnould, Paris.
Baudry et Cie, Paris.
Maisonneuve, Paris.

Médailles d'argent.

Picot, Paris.
Prost, Paris.

Médaille de bronze.

Saba, Carcassonne (Aude).

CLASSE 113.

Procédés de colonisation.

(Groupe XVII.)

Hors concours (membres du jury).

Dans les raisons sociales, les noms de MM. les Jurés sont en italique et placés entre parenthèses.

Comité de propagande de l'Afrique occidentale française (*Emile Piot*), Paris.
Comité national des Expositions coloniales, (*Saint-Germain*), Paris.
Jourdan (Adolphe), Alger (Algérie).
L'Africaine (*J.-L. Brunet*), Paris.
La Dépêche coloniale illustrée (*J.-P. Trouillet*), Paris.
La Dépêche coloniale, quotidienne (*J.-P. Trouillet*), Paris.
La Mode des deux spécialités (*Brunet fils*), Paris.
Ligue coloniale française (*J.-L. Brunet*)., Paris.
Lordereau (Gabriel), Lyon.
Société nationale d'encouragement au bien (*Alfred Conscience*), Paris.

Hors concours (Services officiels).

Circonscription forestière de la Cochinchine.
Direction de l'agriculture, des forêts et du commerce de l'Indo-Chine.
Direction de l'agriculture, du commerce et de la colonisation, Tunis.
Direction de l'agriculture, Tananarive (Madagascar)
Direction des antiquités et arts, Tunis.

Direction générale des travaux publics de l'Inde-Chine.
École supérieure d'agriculture coloniale, Nogent-sur-Marne.
El Mobacher.
Gouvernement de la Côte d'Ivoire.
Gouvernement de la Guinée.
Gouvernement du Dahomey.
Gouvernement du Haut-Sénégal-Niger.
Gouvernement du Sénégal.
Gouvernement général de l'Afrique occidentale française.
Gouvernement général de l'Algérie, Alger.
Inspection de l'agriculture du Gouvernement général de l'Afrique occidentale française.
Inspection des postes et télégraphes de l'Afrique occidentale française.
Inspection des travaux publics de l'Afrique occidentale française.
Inspection générale des travaux publics, Paris.
Inspection générale du Service de santé, Paris.
Jardin botanique de Saigon, Saigon.
Jardin colonial, Nogent-sur-Marne.
Ministère de la Guerre, Direction du Service de santé militaire, Paris.
Musée agricole, commercial et industriel, Hanoï.
Musée des antiquités algériennes et d'art musulman, Alger.
Office colonial, Paris.
Office des postes et des télégraphes, Tunis.
Office du Gouvernement général de l'Algérie, Paris.
Province de Lao-Kay, Tonkin.
Province de Tuyen-Quang, Tonkin.
Service des douanes du Gouvernement général de l'Afrique occidentale française.
Service des finances du Gouvernement général de l'Afrique occidentale française.
Service géographique de l'Indo-Chine.
Service géographique du Ministère des Colonies, Paris.
Service local d'agriculture de Cochinchine.
Service local d'agriculture du Cambodge.
Station séricicole de Manisana, Tananarive.
Territoire militaire de Ha-Giang.

Grands prix.

Annuaire du Commerce Didot-Bottin, Paris.
Association cotonnière coloniale, Paris.
Association polytechnique pour le développement de l'instruction populaire, Paris.
Banque de l'Afrique occidentale, Paris.
Bernays (Émile), Paris.
Collectivité du Syndicat de la presse coloniale.
En participation :
   Annuaire de la Cochinchine.

Annuaire du Cambodge.
Bulletin de l'Association colonnière coloniale.
Bulletin de la Chambre de commerce de Saigon.
Bulletin de la Chambre des négociants commissionnaires et du commerce extérieur.
Bulletin de l'Œuvre coloniale des Femmes françaises.
Bulletin de la Société de Géographie commerciale de Paris.
Bulletin de la Société de Géographie de Marseille.
Bulletin des Renseignements coloniaux.
Bulletin du Comité de l'Asie française.
Bulletin du Comité national des Expositions coloniales.
Bulletin du commerce de la Nouvelle-Calédonie et des Nouvelles-Hébrides.
Journal d'Agriculture tropicale.
Journal de l'île de la Réunion.
Journal des Colonies.
Journal des Voyages.
Journal officiel de la colonie du Dahomey.
Journal officiel de Madagascar.
Journal officiel de la Guinée française.
Journal officiel du protectorat de la côte des Somalis.
Feuille de renseignements du Ministère des Colonies.
La Calédonie.
L'Action coloniale française.
La Colonisation française.
La Démocratie, Pointe-à-Pitre.
La Dépêche de Madagascar.
La Dépêche marocaine.
La Finance coloniale.
La France coloniale.
La France colonisatrice.
La France de demain.
La Géographie.
La Guadeloupe.
La Guêpe, Cayenne.
La Patrie créole.
La politique coloniale quotidienne.
La Presse coloniale, quotidienne.
La Presse indo-chinoise.
La politique indo-chinoise.
La Quinzaine coloniale.
La Revue coloniale.
L'Asie française
La Sucrerie indigène et coloniale.
La Tribune des colonies et des pays de protectorat.
La Tribune indo-chinoise.
L'Avenir du Tonkin.
La Vie coloniale.
Le Bon Droit
L'Écho de Chine.
L'Écho du Dahomey.
L'Écho de Madagascar.

L'Écho de Saigon.
L'Écho du Tonkin.
Le Citoyen, Basse-Terre.
Le Colon, Saigon.
Le Colonial, Paris.
Le Courrier d'Extrême-Orient.
Le Courrier de la Guadeloupe.
Le Courrier d'Haïphong.
Le Courrier saigonnais.
L'Égalité, Saint-Denis (Réunion).
L'Émancipation, Pointe-à-Pitre.
Le Globe Trotter.
Le Libéral de l'Inde française.
Le Maroc français.
Le Midi colonial.
Le mois colonial et maritime.
Le Moniteur des colonies.
Le Moniteur des provinces, Saigon.
Le Moniteur officiel du Commerce.
Le Pavillon français.
Le Petit courrier de Tananarive.
Le Peuple, Cayenne.
Le Progrès, Pondichéry.
Le Prolétaire, Fort-de-France.
Le Républicain, Nouméa.
Le Réveil social, Basse-Terre.
Les Actualités diplomatiques et coloniales.
Les Annales coloniales.
Les Annales diplomatiques et consulaires.
Les Missions catholiques.
Le Tour du Monde.
L'Exposition française.
L'Indépendance tonkinoise.
L'Indo-Chine.
L'Opinion, Fort-de-France.
L'Opinion, Saigon.
L'Union démocratique, Fort-de-France.
Questions diplomatiques et coloniales.
Revue commerciale de Bordeaux.
Revue des questions extérieures.
Revue française de l'étranger et des colonies.
Revue minière de Madagascar.
Union républicaine de l'Inde française.
De la Nézière, Paris.
La Colonisation française, Paris.
La Dépêche algérienne.
La Dépêche tunisienne.
L'Écho d'Oran.
Société de géographie d'Alger et de l'Afrique du Nord, Alger.
Société républicaine des conférences populaires, Paris.
Vivien (Paul), Paris.

Diplômes d'honneur.

Bouvier et Tournier, Paris.
Comité d'hivernage de Tunis et de la Tunisie, Tunis.

Chambre consultative mixte de commerce et d'agriculture de l'Annam.
Comité des Congrès coloniaux français, Paris.
Comité de la mutualité coloniale et des pays de protectorat, Paris.
Fontana (Pierre).
Journal général de l'Algérie et de la Tunisie.
La Mode Illustrée, Paris.
Penant (Eugène), Paris.
Pinchon (E.), Noyon.
Société académique de comptabilité, Paris.
Société antiesclavagiste de France, Paris.
Urbaine-Incendie, Paris.

Médailles d'or.

Bernard (Eugène), Paris.
Boccara père et fils, Tunis.
Brochard, Paris.
Cesbron, Paris.
Césari (Jules), Paris.
Cézard (A.), Paris.
Challamel, Paris.
Garnier (Georges), Paris.
Laffage (Antonin), Tunis.
Laffite (Mme) Paris.
L'Afrique du Nord illustrée.
Larose, Paris.
Lecore-Carpentier (*Indicateur tunisien*), Tunis.
Noiré, Mustapha-Alger.
Office tunisien d'hivernage et de colonisation, Paris.
Pavia (Désiré-Jean), Tunis.
Ruffin (Georges), Paris.
Section tunisienne de la Société de Géographie commerciale de Paris, Tunis.
Vassel (Eusèbe), Maxula-Radès (Tunisie).

Médailles d'argent.

Carlier de Lansthecre, Paris.
Compagnie des eaux thermales du domaine de Korbous.
Delahogue frères, Paris.
De Mazières (Marc), Tunis.
Hyam (Joseph), Alger.
Kaoukeb-Ifrikia.
Le Cri de Tunis.
Moliner-Violle, Alger.
Société amicale de Secours mutuels de la céramique et de la verrerie, Paris.
Société populaire des Beaux-Arts, Paris.

Médailles de bronze.

Agence tunisienne d'affichage, Tunis.
Hamelin (Maurice), Paris.

Institut des Hautes Etudes, Paris.
La Réassurance centrale, Paris.
Mutualité française, Paris.

Mentions honorables.

Bonura (Nicolas), Tunis.
Penciolelli (J.).

CLASSE 114.

Matériel colonial.

(Groupe XVII.)

Hors concours (Membres du Jury).

Dans les raisons sociales, les noms de MM. les Jurés sont en italique et placés entre parenthèses.

Etablissements Decauville (*Émile Cahen*), Paris.
Ellissen (Robert), Paris.
Hersent (J. et G.) (*J. Hersent*), Paris.
Petit (Théo), Paris.
Picard (Charles-Gaston), Paris.
Société française des téléphones système Berliner (*G. Schwob*), Paris.

Hors concours (Services officiels).

Chemin de fer de la Côte d'Ivoire.
Chemins de fer de l'État, Paris.
Chemin de fer de Dakar à Saint-Louis.
Chemin de fer de Guinée.
Chemin de fer du Haut-Sénégal-Niger.
Chemin de fer du Dahomey.
Chemin de fer de Thiès à Kayes.
Direction générale des travaux publics, Tunisie.
Province de Kien-An.

Grands Prix.

Baume et Marpent, Paris.
Chemins de fer P.-L.-M, Paris.
Compagnie Bône-Guelma et prolongements, Paris.
Compagnie française de matériel de chemins de fer, Ivry-Port (Seine).
Compagnie générale transatlantique, Paris.
Corpet-Louvet, Paris.
Fontaine (A.-R.) (Société française de distilleries de l'Indo-Chine), Hanoï.
Gillet (Émile). Paris.

Lavezzari (Maurice), Paris.
Lefebvre (Charles), Paris.
Rupalley et Cie, Paris.
Richard (Jules), Paris.

Diplômes d'honneur.

Assire (Compagnie des constructions démontables et
hygiéniques), Paris.
Bérault (Émile), Paris.
Devès et Chaumet, Bordeaux.
Siffert (Louis), Bois-le-Roi (Seine-et-Marne).
Weidknecht, Paris.

Médailles d'or.

Barbet (Société du port de Rosario), Paris.
Le Sauvage et ses fils, Arles.
Pétolat, Dijon.
Société générale d'Installations, Paris.

Médaille d'argent.

Odent (Louis) (Compagnie des Magasins et apponte-
ments du Dahomey), Paris.

CLASSE 115-A.

Produits destinés à l'exportation
et produits manufacturés aux colonies.

(Groupe XVII.)

Hors concours (Membres du Jury).

*Dans les raisons sociales, les noms de MM. les Jurés
sont en italique et placés entre parenthèses.*

Benoiston et Cie (*E. Lefèvre*), Paris.
Berr (Paul et René) (*Paul Berr*), Oran.
Bessonnat et Cie (*Léon Bessonnat*), Paris.
Chanel et Cie (*Claude Chanel*), Paris.
Chaumet (Julien), Paris.
Chevron (Maurice), Paris.
Compagnie de fabrication française du papier manu-
facturé (*Salomon Hirsch*), Le Parc-Saint-Maur.
Désumeur (J. et Cie) (*Jules Désumeur*), Paris.
Établissements Richard et Muller (*H. Krippleber*),
Paris.

Fettu (Eugène), Paris.
Philippe, Viallar et Cie (*Pierre Viallar*), Paris.
Rivage (Denis), Paris.
Roger et Gallet (*M. Pellerin*), Paris.
Schwob (Edmond), Paris.
Société cotonnière d'Indo-Chine (*M. Hanhart*), Paris.
Société du Bouillon Kub (*M. Couelle*), Paris.

———

Brasserie Algérienne (*J.-J. Wohlhuter*), Paris (cl. 62).
Brunet fils, Paris (cl. 143).
Célestin (Jacques), Choisy-le-Roi.
Haviland (Th.) (*H. de Luze*), Paris (cl. 72).
Leprince (Dr Maurice), Paris (cl. 53).
Lequeux, Châlons-sur-Marne (cl. 60).
Potin et Cie (*Julien Potin*), Paris (cl. 59).

Hors concours (Services officiels).

Institut Pasteur de Nha-Trang.
Province de Bac-Kan.
Province de Binh-Dinh.
Province de Hatien.
Province de Kompong-Cham.
Province de Kompong-Chhnang.
Province de Thu-dau-Mot.

Grands prix.

Chaumet (Jules), président de la Société Caussemille
jeune et Cie, et Roche et Cie, Paris.
Féron (G.), Paris.
Fraenckel-Blin, Elbeuf.
Grunwaldt (P.-M.), Paris.
Louyot, Paris.
Plateau, Paris.
Ribeaucourt (E.), Roubaix.
Schmit (A.), Paris.
Schwob frères, Héricourt.
Védrine (A.), Courbevoie.

Diplômes d'honneur.

Gromy, Paris.
Migeon (Vve), Paris.

Médailles d'or.

Barrère (Maurice), Paris.
Ben Aben (Mme Luce), Alger.
Bessaud (A.), Reims.
Despinoix (C.), Paris.
Dieulefils, Hanoï.
Établissements Milliard, Levallois-Perret.
Favreau (Léopold), Ozillac.

Fritsch du Val (Frédéric), Le Bouscat-Bordeaux.
Leportier, Madagascar.
Mougin (Dr), Paris.
Société d'importation coloniale, Orléans.
Ruch, Pantin.

Médailles d'argent.

Asseraf (E.), Paris.
Caron, Paris.

Médailles de bronze.

Baradat (A.), Paris.
Frey, Paris.
Mandonnet (L.), Paris.
Nguyen-Dinh-Phat, Hanoï.
Passignat, Hanoï.
Toledano, Paris.

Classe 115-B.

Produits des Colonies.

(Groupe XVII.)

Hors concours (Membres du Jury).

*Dans les raisons sociales, les noms de MM. les Jurés
sont en italique et placés entre parenthèses.*

Algérie.

Besson (Georges), Aïn-Bessem.
Bories (Henri), Mostaganem.
Carrafang (Pierre), Saïda.
Clouet des Perruches (Paul), Medjez Amar.
Fabre (Joseph), Nemours et Paris.
Ferrouillat frères (*P. Ferrouillat*), Oued-Marsa.
École d'Agriculture de Philippeville et Société coton-
nière de Philippeville (*M. Godard*), Philippeville.
Grellet (*Claude Grellet*), Kouba.
Guiraud (Pierre), Alger.
Établissements O. Décugis (*Lugeat*), Alger et Londres.
Lung frères (*F. Lung*), Alger.
Martin (Louis), Mascara.
Martin (Victor), Constantine.
Mélia frères (*G. Mélia*), Alger.
Ricome (Jules), Marguerite-Alger.
Tartavez (Lucien), Mascara.
Domaine d'Hamia et Société vinicole d'Algérie
(*A. Trottin*), Alger.

Tunisie.

Guillemard (Robert), Sousse.
Prouvost (Edouard), Roubaix.
Savignon (Henri) fils, Bir-Kassa.

Palais des Colonies.

Bertrand (L.-V.), Constantine.
Bougenot (E.-L.), Paris.
Gradis (David) et fils, Paris.
Molière (Paul), Constantine.

Hors concours (Services officiels).

Indo-Chine.

Station séricicole de Nanisana.
Territoire militaire de Hagrang.

Palais des colonies.

Direction de l'Agriculture, Madagascar.
Jardin colonial, Nogent-sur-Marne.

Hors concours
(par application de la Convention).

Cabassot (Emmanuel), Mascara.
Comice agricole de Bougie.
Comice agricole de Médéa.
Comice agricole de la région de Souk-Ahras.
Derville et Cie, Paris.
Société d'agriculture du département d'Oran.
Syndicat agricole de la région du Zaccar, Miliana.
Syndicat des colonies d'Akbou et des oléiculteurs
de Kabylie, Akbou.
Syndicat professionnel agricole de Sidi-bel-Abbès.
Syndicat professionnel agricole et viticole de Mas-
cara.

Grands prix.

Algérie.

Averseng (Veuve), El Affroun.
Barnaud et Bénejean, Bougie.
Ben Ali Cherif, Akbou.
Cantini (Marius), Marseille.
Chevalier (Omer), Sétif.
Climent et Cie, Alger.
Comice agricole de Philippeville.
Comice agricole du Sahel, Douéra.
Comice agricole et Syndicat des agriculteurs, Guelma.

Comice et Syndicat agricoles de Sétif.
Dollfus (Jules).
École de broderies de Mme Ben-Aben, Alger.
Jobez (Emmanuel), Changarnier.
Keime (Eugène). Eckmühl-Oran.
Lamairesse (Georges), Bou-Yerson (Alger).
Lamur (Louis), Oran.
Lavie (Marcel) et Cie, Héliopolis.
Manufacture des tapis algériens, Alger.
Maréchal (Justin), Sidi-bel-Abbès.
Mary (Jean), Tlemcen.
Narbonne, Hussein-Dey.
Picot (Émile), Aïn-Kerma.
Société d'agriculture de Constantine.
Société anonyme des lièges des Hamandas et de la petite Kabylie.
Société des allumettes Caussemille jeune et Cie et Roche et Cie, Alger et Bône.
Syndicat agricole et viticole de l'arrondissement de Tlemcen.
Syndicat commercial et industriel du département d'Oran.
Syndicat professionnel agricole de Mostaganem.
Théeus (J.) neveu. Oran.

Tunisie.

Bena et Cie, Sfax.
Compagnie des phosphates et du chemin de fer de Gafsa.
Crété (Maurice) et Cie, Crétéville.
Médina (de), Monastir.
Potin (Paul), Potinville.
Reclus et Guignard, **Tunis**.
Société des olivettes du Maïana, Tehourba.

Indo-Chine.

Ascoli, Saigon.
Delignon, Qui-Nhon.
Société française de distillerie de l'Indo-Chine, Hanoï.

Palais des colonies.

Clerc (Fernand), Vanves (Seine).
Coulon (Anatole), Bordeaux.
Delignon (Lucien), Paris et Qui-Nhon.
Fould et Cie, Paris.
Hayot (Simon), Petit-Bourg (Martinique).

Diplômes d'honneur.

Algérie.

Abd el Kader ben Turqui, Alger.
Association cotonnière coloniale de Saint-Eugène (Oran).

Bardoux-Keller et Pernin, Sidi-Chami.
Barrot (Raymond), Philippeville.
Bataille (Veuve), Akbou.
Bernard et Lopez, Saint-Denis-du-Sig.
Bertagna (Dominique), Bône.
Bertrand (Adrien), Miliana.
Bocquillon (Louis), Philippeville.
Boisset (Louis), Médéa.
Borel (Charles), Oued-Amizour.
Borgeaud (Alfred), Alger.
Boujol frères, Héliopolis.
Callot (Jules), Pélissier.
Carez (Léon), Bougie.
Cazeneuve-Dieudonné, Aïn-Smara.
Chanay (F. de), Oued-Marsa.
Charpentier (Alphonse), Oued-Amizour.
Clerc (Élie), Aïn-Tedeles.
Comice agricole de Batna.
Comice agricole de Bône.
Comice agricole de Boufarik, Boufarik.
Comice agricole de Kolia.
Comice agricole de Marengo.
Comice agricole des Arib, Aïn-Bessem.
Comice agricole de Tizi-Ouzou.
Comice régional agricole de Mouzaïaville.
Commune mixte de Barika.
Compagnie genevoise des compagnies suisses de Sétif.
Crédit Foncier de France (Domaine de l'Habra et de la Macta).
Daboussy (Ferdinand), Boufarik.
De Blaye, Aïn-Bessem.
Delaunay (Augustin), Saighr-Molea.
Degrom et Humblot, Mouzaïaville.
Delrieu, Kroubs.
Desarbres (Léon), Koléa.
Dufour (Charles), Bougie.
Durand-Palerme (D^r Ed.), Desaix.
Durand (Pierre), Aïn-Bessem.
École de broderies indigènes de Mme Saucerotte, Constantine.
Escudier père et fils, Saint-Denis-du-Sig.
Fournier (Camille), Khenchale.
Fournil frères, Saint-Hippolyte.
Gadan (Charles), Bône.
Gazaniol (Louis), Oran.
Giraud (Louis), Oran.
Gouailhardou (Jean), Cacheron.
Grasset, Tlemcen.
Grobens (Rodolphe) et Cie, El-Kseur.
Hémery fils et Lane Fox, Birmandreis.
Huc (Louis), Oran.
Humblot (Gabriel), Mouzaïaville.
Jean (Veuve), Tlemcen.
Jobert (Gustave), Mostaganem.
Langlois, Alger.
Laumet (Jean), Sidi-Bel-Abbès.

Leenhart Bazile, Oran.
Leroy (Jean), Douéra.
Les fils de J. Chebat, Alger.
Liore et Cie, Cheragas.
Marill et Laverny, Alger.
Masselot (Alphonse), Ichou Tazmalt.
Mateu (Louis), Loverdo.
Mathiss (Léon), Mostaganem.
Metz (de), Lamoricière.
Monniot (Veuve), Marengo.
Mouchot (Henri), Sonis.
Perez (Henri), Oran.
Pieron (René), Oued-Amizour.
Pradel (Jean), Oran.
Richaud (Auguste), Akbou.
Sacerdote (Henri), Sidi-Bel-Abbès.
Sardou (J.-B.), Biskra.
Sèbe (Achille), Sétif.
Société des mines de Sekiet-Sidi-Youssef.
Société d'exploitations forestières, Magenta.
Soupireau, Alger.
Suandeau (Calixte), Sidi-Bel-Abbès.
Sylvestre (François), Médéa.
Syndicat agricole de la région de Bordj-bou-Arreridj.
Syndicat commercial algérien, Alger.
Tartavez (Auguste), Oran.
Tavel (Alfred), Oued-Amizour.
Thomas frères, Héliopolis.
Tores (Joseph), Rouiba.
Thesmar (Léon), Lamoricière.
Vidal (François), Douéra.
Vitaux (Fernand), Meurad.

Tunisie.

Association agricole de la Tunisie, Tunis.
Aubry frères et Coanet, Ras-Tabia.
Benattar et Cie, Tunis.
Chaffard et Cie, Tunis.
Charmetan (Claude), Mornag.
Collectivité des petits propriétaires de M'Rira.
Glandut, Sfax.
Lemaître (Alexis), Saint-Joseph-du-Tibar.
Memmi (Georges), Soliman.
Moatti (Joseph), Sousse.
Société des phosphates tunisiens.
Société du domaine de Megrine, Mégrine.
Société franco-africaine.
Truelle, Bou-Nouara.
Vincent (Gustave), Tebourba.
Vood (Sir Richard), Ras-Tabia.

Indo-Chine.

Berthet, Saïgon.
Dao Houng Mai, Hanoï.

Société de sériciculture et des filatures de soie de l'Indo-Chine, Nam-Dinh.
Société forestière de l'Annam, Ben-Thuy.
Union commerciale indo-chinoise, Hanoï.

Palais des colonies.

Belon (Vve), Saint-Denis-du-Sig.
Chatel (Edmond), Paris.
Chevalier (Henri), Paris.
Sallandrouze de Lamornaix, Paris.

Médailles d'or.

Algérie.

Alban (Léon), Bône.
Alfonsi, Alger.
Allat (Vve), Bourkika.
Amilhac (Louis), Douéra.
Amoriq (Eugène), Télagh.
Arambourg (Pierre), Oran.
Barbaud, Tazmalt.
Barbe (Charles), Bréa.
Barthe (Laurent), Tlemcen.
Barthe (Michel), Bréa.
Barthet (Joseph), Tizi-Ouzou.
Bastien (Veuve), Miliana.
Beaugier (Ferdinand), Tizi-Ouzou.
Bedouin (Jean), Mansourah.
Bénard (Georges), Rivet.
Benoît et Lévy, Alger.
Bentayou (Veuve Pierre), Oran.
Bérard (Jean), Lodi.
Blazy (Jules), Mascara.
Bonnefoy (Maurice), Aïn-Smara.
Bonnemains (Ferdinand) fils, Tizi-Ouzou.
Bonnet frères, Sidi-bel-Abbès.
Bonnaud (Marie), Bosquet.
Borgeaud (Jules), Alger.
Bouisson, Constantine.
Bourgade (Guillaume), Sidi-bel-Abbès.
Boutier (Eugène), Tassin.
Brette (Auguste), Mansourah.
Brière (Ferdinand) jeune, Saint-Cloud.
Brunet (Charles), Alger.
Bugnot, Akbou.
Buthion (François), Dupleix.
Calmels (Albert), Arzew.
Camben (Louis-Étienne), Telagh.
Cantier (Antoine), Aïn-Bessem.
Caumeil frères, Taher.
Cazaubon, Bougie.
Cazenave (François), Tlemcen.
Ceragioli (Flavio), Souk-Ahras.

Champagne et Cie, Biskra.
Chesnard de Sorbay, Aïn-ben-Osman.
Chollet (Émile), Aïn-Arnal.
Clady (Joseph), Mascara.
Clairefond (François), Mostaganem.
Clot (Auguste), Tipaza.
Cochet (Georges), Bréa.
Combel (Urbain), Aïn-Tedelès.
Combes (Pierre), Loverdo.
Comice agricole de l'est de la Mitidja.
Constans (Auguste), Haussonvilliers.
Cosman et Cie, Mostaganem.
Coste (Ernest), Aïn-Bessem.
Crespo (Ramon), Sidi-bel-Abbès.
Croise (Veuve Léopold), Azazga.
Cros (Dr), Mascara.
Crozals père et fils, Oran.
Dahan (Isaac), Oran.
De Harven frères, Alger.
Delonca (Joseph-Crescent), Mascara.
Deloupy (André), Saint-Denis-du-Sig.
Demange de Subligny, Tokteka-Koléa.
Demangeat (Lionel), El Achour.
Demangeat (Lucien), Berrouaghia.
Desbats (Jean), Taher.
Deyron (Léon), Souk-Ahras.
Domaine des Hamyans (Sacerdotte et Conquy),
    Saint-Leu.
Doudey (Nicolas), Aïn-Bessem.
Dozzi (Jean), Douéra.
Dressayre (Léon), Tlemcen.
Drevot (Louis), Les Trembles.
Drozet (Louis), Souk-Ahras.
Dru (Camille), Mondovi.
Dubart (Casimir), Zarouria.
Dubœuf (Charles), Aïn-Bessem.
Duchêne-Murallaz (Vve), Saïghr-Koléa.
Duchon (Louis), Koléa.
Ducousso (Félix), Alger.
Duranthon (Raymond), Douéra.
Duroux (Jean), Rouïba.
École professionnelle indigène des tapis de Tlemcen
    (Mlles Anna et Marie Saeton).
Estève (François), Détrié.
Établissements Porcher, Paris.
Fabreguettes (Gabriel), Alger.
Factorerie générale de Kabylie, Bougie.
Fayolle du Moustier, Oued-el-Alleug.
Fernandez (Pédro), Sidi-bel-Abbès.
Flouttard (Veuve), Ben-Chicao.
Foucher (Sylvain), Médéa.
Foulon (Alexandre), Ben-Chicao.
Ganay (comte de), Philippeville.
Gandoin (Nicolas), Tessalah.
Gauthier (Charles), Margueritte.
Gazaniol (Antoine), Sidi-bel-Abbès.

Gazaniol (Veuve Raphaël), Sidi-Dabo.
Geghre (Théodore), Mascara.
Geolle (Eugène), Sonis.
Germain (Prosper), Galbois.
Gilles (Étienne), Rio-Salado.
Gout (Louis), Sidi-bel-Abbès.
Govignon (Mme Juliette), Saint-Lucien.
Grima (Laurent), Alger.
Grima (Salvator) et François frères, Philippeville.
Haberer (Jules), Sidi-Jacoub.
Heintz (Eugène), Mascara.
Héritiers Trémaux, Tipaza.
Hernandez (Joseph), Arzew.
Houdou frères, Oran.
Houvert, Hendaye.
Huron (Constant), Miliana.
Hussenot (Auguste), Aboukir.
Jamot, Koléa.
Jaubert (Louis-Frédéric), Mostaganem.
Jeanningros (Albert), Mascara.
Jullien et Nicolas, Oued-Marsa.
Kappler (Eugène), Mascara.
Keller (Jules), La Carrière-Romaine.
Lacretelle (Louis), Sidi-bel-Abbès.
Laly (Adolphe), Hammam-Righa
Lamassoure, Bréa.
Lamporte (Pamphile), Tlemcen.
Langlois (Léon-Ernest), Tiaret.
Legris, Meurad.
Léonard (Léon), Bréa.
Liély (Félix), Tizi-Ouzou.
Liminana frères, Sidi-bel-Abbès.
Lorion frères, Marengo.
Loubière (Léon), Telagh.
Maffre (Amédée), Sidi-bel-Abbès.
Magnas (Jean), Loverdo.
Manduech (Auguste), Detrie.
Manufacture des tapis d'Orient, Alger.
Marcantoni (Léon), Souk-Ahras.
Martin-Saint-Léon (Georges), La Reghïa.
Martinolle (Louis), Bréa.
Marty (Guillaume), Ben-Chicao.
Masclaux (Victor), Beni-Amran.
Mathieu (Eugène), Mascara.
Mayère (Auguste), Batna.
Mazoyer (Philippe), Valmy
Mercier (Jean), Tlemcen.
Merlo et Puyon, Tazmalt.
Michaud (Albert), Douéra.
Misset (Alexis), Médéa.
Mogaro (Pierre), Tlemcen.
Montagne (Joseph), Boufarik.
Morely (Édouard), Tlemcen.
Navarro (Joseph), Mostaganem.
Œuvres d'assistance par le travail des ouvroirs d'art
    indigène (Mme Attanoux), Alger.

Œuvre de la broderie au gourbi, Alger.
Ou Rabah Abderrahmane ben Mahmoud, Oued Amizour.
Ouvroir indigène de M⁰ᵉ Ventre-Varnier, Koléa.
Parodi (Charles), Bréa.
Parodi (François-Louis), Tlemcen.
Pastorino (Raoul), Oran.
Pessina (Xavier), Mascara.
Petit (Claude), Mascara.
Peyrebesse (Veuve Martin), Oran.
Pfunder, La Soumam.
Pitollet (Charles), Oran.
Plat (Victor), Alger.
Pousseur (Louis), Oran.
Pralin (Émile), Morris.
Raynaud (Auguste), Mascara.
Reale frères, Oran.
Renaud (François), Sidi-bel-Abbès.
Requin (Désiré), Damiette.
Ribard (Adrien), Alger.
Riboulet, Meurad.
Richaud et Touzery, Akbou.
Riquet et Tholance, Allagham.
Robert (Antoine), Sidi-bel-Abbès.
Robert (Paul), Orléansville.
Rochedy (Étienne), Ben-Chicao.
Roucoules (Veuve), Mascara.
Rousset (Louis), Oran.
Rouyer (Paul), Clauzel.
Royer (Jules), Bône.
Saint-Pierre, Oran.
Santini (Michel), Lucet.
Saurin (Paul), Rivoli.
Sauveton (Amédée), Marengo.
Schuch (Philippe), Camp-du-Maréchal.
Sénéclauze (Théodore), Oran.
Société anonyme d'élevage *La ferme algérienne*, Sétif.
Société anonyme des huileries et savonneries algériennes, Mirabeau.
Société concessionnaire des mines de l'Ouenza, Djebel-Ouenza.
Société franco-africaine des pâtes d'Alfa, Medjez.
Soipteur (Georges), Tlemcen.
Soual (Paul), Duzerville.
Syndicat agricole de la région de Tiaret.
Toupry (Édouard), Marengo.
Tourneux (Michel), Oued-Marsa.
Trouin (Auguste), Aïn-Bessem.
Valla (Louis), Médéa.
Vasserot, El Kseur.
Verrier (Émile), Bône.
Vollhardt (Philippe), Aumale.
Weil-Schwetzer, Constantine.

Tunisie.

Avvocato et fils, Sfax.
Belaiche frères, Sousse.
Bennett (F.-M), Khanguet-el-Hadjadj.
Bergonzo (Dominique), domaine de M'Rira.
Bessis (Charles), Sousse.
Boulakia (S.-C.), Tunis.
Cohen et fils, Sousse.
Champagne et Cⁱᵉ, Tunis.
Compagnie des minerais de fer magnétique de Mokta el-Hadid (Djebel-Djerissa).
Compagnie des phosphates du Dyr, Dyr.
Compagnie royale asturienne des mines.
Daninos (Alfred), Sousse.
Delarue (René-Henri), Tunis.
Ducroquet (Félix), Oudna.
Genevay (Zacharie), Tunis.
Genillon (François), Tunis.
Gérard (Joseph), Sfax.
Gounot (André), Souk-el-Khemis.
Guyot et Cⁱᵉ, Belli.
Houde (Gaston), Khedir-es-Soltane.
Leclerc (Julien), Khanguet.
Licari (G. et E.), Tunis.
Liscia (E. de G.), Tunis.
Loche (Fernand de), M'Zavack.
Lumbroso (Eugène), Madhia.
Marchand, Djilani.
Masson (Alexandre), Moktar.
Portelli (Raphaël), Sfax.
Prouvost (Ernest), domaine de M'Rira.
Société anonyme des minerais de fer du Djebel-Slata et du Djebel Hameima.
Société civile des mines de fer du Nebeur.
Société des domaines de Protville.
Société des fermes françaises de Tunisie.
Société minière du Khanguet.
Société des mines du Djebel Ressas.
Société des salines de Tunisie, Sousse.
Société *La Tunisienne*, Tunis.
Maison Tissier, Nabeul.
Vacherot (Pierre-Charles), Beja.
Waren (Comte de), Mornag.

Indo-Chine.

Barthélémy et de Pourtalis.
Bichot, domaine de Van-Ke.
Chaffanjon et Cⁱᵉ, Cat-Tru.
Cibot, Hanoï.
Derobert et Fiard, Tourane.
Dieulefis, Hanoï.
Duchemin, Tonkin.
Dupuy, Pnom-Penh.
Godard et Sauer, Thay-Nguyen.
Grand-Dufay (Henri), Marseille.

Guillaume frères, Tonkin.
Hoaky, Hanoï.
Lafeuille, Phu-Nho-Quang.
Lejeune frères, Vinh.
Lejeune, Hanoï.
Manufacture de tabacs de l'Indo-Chine, Hanoï.
Maron, Hanoï.
Marquet, Bin-Dinh.
Maurice, Hung-Hoa.
Perrin frères, Tuyen-Quang.
Pham-Van-Khoan, Hanoï.
Remery, Tuyen-Quang.
Vuhong Vinh-Tuy, Hanoï.

Palais des Colonies.

Société d'importation coloniale, Orléans.

Madagascar.

Desgranchamps, Paris.
Ranarivelo, Tananarive.

Médailles d'argent.

Algérie.

Abdessemed Abderrahmane Aïn-el-Ksar.
Acker (Ernest), Médéa.
Albagnac (Léopold), Bône.
Albagnac (Victor), Tubia.
Alberge (Édouard), Sidi-Bel-Abbès.
Anastaze (Émile), Margueritte.
Arsorni et Cⁱᵉ, Mostaganem.
Assaurni et Mariel, Mostaganem.
Astorg (Gaston), Miliana.
Attias (Alexandre), Alger.
Aubian (Joseph), Misserghin.
Aumeran (Léon) et Caciotolo, Philippeville.
Ayme (veuve Jean), Saf-Saf.
Azoubay (Martin), Le Kroub.
Bachir Ben Yorka, Saint-Lucien.
Badens (Jean), Tassin.
Barbier frères, Tessalah.
Barrelier (Benjamin), Oran.
Beauchamp (Alidas de), Desaix.
Beaugier (Gustave), Boghni.
Beaugier (Jean), Boghni.
Benguedir Amara Ben Ahmed, Soukahras.
Benoît-Boudet, Mouzaïaville.
Ben Otman Ali Ben Sghir, Bône.
Bernardy, Orléansville.
Bernardy (Pierre), Mouzaïaville.
Bernault (Baptiste), Douéra.
Beroud (Daniel), Bernelle.
Battaglia Akbou.
Beukritli frères, Mostaganem.
Bezzina (Georges), Guelma.

Blanc et Raynaud, Mouzaïaville.
Blayac (Joseph), Médéa.
Boisnard (Georges), Bône.
Bondurand (Louis), Taher.
Bonnefous (Charles), Mostaganem.
Bonnet (Veuve Paul), Ben-Chicao.
Bonthoux (Cyprien), Aïn-Seynour.
Bordier (Émile), Aumale.
Bossuot (Louis), Chaouchoua.
Boudet (Charles), Marengo.
Bouzar ben Kouider, Lavigerie.
Brame, Mouzaïaville.
Buisine (Henri), Marengo.
Caluzac (Joseph), Tassin.
Cailleau (Eugène), Ben-Chicao.
Caizergues (Alexandre), Pahssy.
Camy (François), Loverdo.
Cantier (Jacques), Aïn-Bessem.
Causse (Amable), Batha.
Chalons (Julien), Miliana.
Chatroux (Pierre), Miliana.
Chiarelli (Adolphe), Philippeville.
Chocon (Lucien), Douéra.
Chollet (Paul), Aïn-Arnat.
Chouillou (André), Oued Amizour.
Clébaut (Hippolyte), Sidi-Bel-Abbès.
Collomb (François), Soukahras.
Comice agricole de Miliana, Affreville.
Comice agricole d'Orléansville.
Compagnie centrale des phosphates, Bordj-R'dir.
Comtesses du Sablon et de Quinsonnas, Oued-Marsa.
Comptoir général de Kabylie (F. Rouseasse, directeur), Bougie.
Conquy (Gaston), Oran.
Cortes (Léon), Médéa.
Couvert (Jules), El-Achour.
Crozet (Jules), Rio-Salado.
Cruchon (Pierre-Alcide), Saint-Arnaud.
Darriet (Xavier), Mascara.
Debrien, Le Kroub.
Deddouche (Jacob), Sétif.
Degoul (Jean), Villars.
Deirnat (Alfred), Mansourah.
Delacoste (Adolphe), Alger.
Delacoste frères, Oran.
Despeaux (Ernest), Meurad.
Devries (Théodore), Bône.
Dianoux (Auguste), Miliana.
Dillenseger (Lévy), Malakoff.
Domard (Joseph), Bou-Yrsen.
Domard (Paul), Bou-Yrsen.
Drezet (Paul), Souk-Ahras.
Dugenet (Mᵐᵉ Aurélie), Alger.
Edelin (Henri), Bou-Sfor.
Edelin (Louis), Bou-Sfer.
Eglin (Jean-Pierre), Mékla.

Espinoza (Ramon), Telagh.
Fabas (veuve Marie), Mascara.
Fabre (Camille), Souk-Ahras.
Fallet (Jean), Aïn-Slara.
Faure (Armand), Chérnia.
Faure (Auguste), Valée-Desjardins.
Faure et Mougeot, Affreville.
Fenagutti (Étienne), Douéra.
Ferréol (Vincent), Aïn-Bessem.
Fillastre (André), Oued-Ksob.
Filliol (Gustave), Aïn-Bessem.
Fourneau (Louis), Aïn-el-Hadjar.
Fournier (Eugène), Koléa.
François (Auguste), Mouzaïaville.
Frichemann (Émile), Sidi-Bel-Abbès.
Gaillard (François), Boufarik.
Gaillard (Gustave), Mansourah.
Game (Louis), Arzew.
Garel (Léon), La Robertsau.
Garnier frères et Olivier, Tizi-Ouzou.
Garnachot (Louis), Oued-Marsa.
Genisson (François), Héliopolis.
Germain (Jean), Mouzaïaville.
Germain (Michel), Maison-Carrée.
Ginas (Jules), Tizi-Renif.
Giraud (Pierre), Parmentier.
Gontard (Albert), Douéra.
Gontard (Charles) fils, Douéra.
Grimaud (Cyprien), El-Outaya.
Gristi frères, Médéa.
Gros, Saddouk.
Heurtau frères, Souk-Ahras.
Hurtrelle (Victor), Gastu.
Imbert (Louis), Telagh.
Jacquemond (Camille), Douaouda.
Jacquemond (Jules), Koléa.
Jarre (Henri) et Mares (Roger), Villebourg.
Jeantet (Louis et Hubert), Aïn-Kerma.
Joandel, Boufarik.
Journée (Raoul), Telagh.
Jumel et Raulian, Oued-Marsa.
Kaddouche (David), Médéa.
Kalla Mohamed, Aurès.
Lacombe (Barthélemy de), Bône.
Lafabrègue (Louis), Noisy-les-Bains.
Lapostolle (J.-B.), Médéa.
Lévy (Salomon), Sétif.
Lévy-Santob, Mascara.
Liautard (Firmin), Boufarik.
Linscheid et Cⁱᵉ, Bône.
Léonis (Épifanio), Sidi-Bel-Abbès.
Liopis (Pascual), Sidi-Bel-Abbès.
Louis (Léon), Alger.
Lovel (Claude), Bizot.
Lignières (Louis), Dra-el-Mizan.
Malbert (François), Miliana.

Manciet (Miltiade), Rivoli.
Marcelin (Aimé), Aïn-Bessem.
Maréchal (René), Les Trembles.
Margail (Bernard), Mers-el-Kebir.
Marini (Veuve Blaise), Miliana.
Marnet (Théodore), Douéra.
Mauchanit (Louis), Medjez-Amor.
Maulezun (Antoine), Mostaganem.
Mauvezin (Michel), Douéra.
Menvielle (Bernard), Tassin.
Messershmit (Philippe), Lapaine.
Meyer (F.) fils, Mostaganem.
Mirabel (Jean), Valée.
Morato (Étienne), Bougie.
Mornet (Louis-de-Gonzague), Mascara.
Nicloux (Aimé), Médéa.
Nouzille (Raoul), Tenira.
Omar Ben Smain, Alger.
Pacand (Jean), Desaix.
Pancrazy (Auguste et Louis), Bône.
Paris (François), Douéra.
Pech (André), Abziza.
Pélissier (René), Hennaya.
Pellaprat (Marcelin), Loverdo.
Pépin, Bône.
Permingeat (Émile), Saint-Joseph.
Perrin (Antony), Sidi-Bel-Abbès.
Petit (Claude), Bernelle.
Petitjean (Victor), Batna.
Pienelli (Charles), Souk-Ahras.
Pinguely (Alexandre), Oued-Marsa.
Pouzo (frères), El Arrouh.
Plantiet-Boissonnet (Jean), Sidi-Bel-Abbès.
Prat (Marius), Tassin.
Raison (Pierre), Bône.
Raucaz (veuve François) Souk-Ahras.
Rauzy (Omer), Aïn-Tellout.
Redon de Colombier (de), La Cheffa.
Reglet (Pierre), Médéa.
Reliaud (Pierre), Sidi-Bel-Abbès.
Renout (Charles), Desaix.
Retont (Albert), Koléa.
Revillard (Jules), Souk-Ahras.
Ricaud (Achille), Oran.
Roes (Joseph), Detrie.
Rousselet (Achille), Tazmalt.
Samie (Auguste de), Mascara.
Scherrer (Charles), Boufarik.
Schutz (Théodore), Douéra.
Serette (Émile), Bourkika.
Société viticole de Bougie, El Kseur.
Sorel (Élie), Hoche.
Sorin (Emmanuel), Aïn-Bessem.
Sublon (Ernest), Azazga.
Syndicat agricole du Sahel central à El-Achour.
Theron (Marius), Tipaza.

Thibout (Rémy), Detrie.
Thomas (Émile), Desaix.
Thomas (Émile), Azazga.
Tramier et ses fils, Sidi-Bel-Abbès.
Treuil (Michel), Sidi-Bel-Abbès.
Triboulet (Arthur), Saint-Antoine.
Van Eyll et Jaillet, Tenouanne-Telagh.
Vaque (Élie), Médéa.
Vayron (Élie), Fort-National.
Vignaux (Alexandre), Ben-Chicao.
Ville (Jules), Oued-Marsa.
Vulcain (Veuve), Miliana.
Ximay (veuve Napoléon), Souk-Ahras.
Yerles (Fernand), Sidi-Bel-Abbès.
Zermati (frères), Sétif.
Zermati (Ruben), Sétif.
Zermati (Salomon), Alger.
Ziza (Charles) fils, Alger.

Tunisie.

Bernelle (Pierre), Ghardimaou.
Bernier (Auguste-Eugène), Souk-El-Khemis.
Burgel (Salomon), Tunis.
Chadeli (Belkasem), Tunis.
Compagnie des minerais de Liège.
Coudere, Tunis.
David (Paul), Djebel-Chouichia.
Deymes (Georges), Tunis.
Dujardin (Édouard), Domaine de M'Rira.
Fischel (Maurice), Tunis.
Ganen (S.), Tunis.
Gouttry (Félix), Tunis.
Hadj-Ali-Mabrouk, Monastir.
Halini (M.), Tunis.
Hassen, El-Bradehy.
Jacquard (Charles), Domaine de M'Rira.
Lavau (René), Tunis.
Leaver (J.-R.), Sidi-bel-Abbès.
Loyer (Louis), Mateur.
Lucchini (Menotti), Tunis.
Maréchal (Étienne), Ben-Aiech.
Martel (Albert), Tozeur.
Mohammed ben Mohammed ben Rajeb, Tunis.
Morizot (Albert), Djerba.
Pancrazy (A. et L.) et Cie, Tunis.
Parriente (Guillaume), Djerba.
Parriente (Jacomo), Djerba.
Pellet et Narni, Zarzis.
Rahmdam ben Mohamed, Madhia.
Sherro (Moïse), Sousse.
Soris (G.) et Debone (J), Sfax.
Société anonyme de l'imprimerie rapide, Tunis.
Société anonyme des eaux minérales d'Aïn-Garci, Tunis.
Société anonyme des mines de Djebel-Allouf.

Société anonyme du Djebel-ben-Hamar.
Société pour la défense du commerce des grains et leurs dérivés.
Villemandy (Raymond de), Tunis.
Vital (Joseph), Domaine de M'Rira.

Indo-Chine.

Antigeon (Mme Vve), Hanoï.
Compagnie forestière du Tonkin, Hanoï.
Demange (V.), Hanoï.
Distillerie parisienne, Hanoï.
Ducamp et Rideau, Annam.
Henri Bourgoin et Cie, Hanoï.
Huilerie et Savonnerie de l'Extrême-Orient, Haïphong.
Le Van-Thuan, Hanoï
Luong-Van-Hue, Hanoï.
Orphelinat de Culao-Gieng (Cochinchine).
Raynaud et Blanc, Tonkin.
Speidel (F.), Saigon.
Ta-Xuau-Dan, Hanoï.

Médailles de bronze.

Algérie.

Abbas Abderrahmane, Belezma (Constantine).
Abbes Ali, El Mahder (Constantine).
Aguilar (Cristobal), Sidi-bel-Abbès (Oran).
Augier (Martial), Taher (Constantine).
Bachtarzi (Ahmed), Aïn-Mlilo.
Bachtarzi (Omar), Bizot.
Badarous (A.) et Privat (L.), Sidi-bel-Abbès (Oran).
Banni Mohammed, Khenchela.
Baptiste et Matte, Mouzaïaville.
Barbier (Achille), Tessalah.
Barktaz Rahmine, Batna.
Belbacem Sakdar, Sidi-Embarek.
Ben Daoud Abdelkader, Oran.
Bensi Mohammed, Oued-Abdi.
Bonthoux (Félix), Aïn-Seynour.
Bou Aouina, Guelma.
Bournick (Jules), Arnouchas.
Brunet (Victor), Damiette.
Broc (Jules) fils, Boghni.
Cambon (Jacques), Tabia.
Campos (Joseph), Médéa.
Chavannes (Veuve), Oued-Marsa.
Cheick Ben Nacer, Souk-Ahras.
Chevalier (Louis), Batna.
Clarion frères, Damiette.
Communes mixtes de Chellala et d'Aïn-Boucif.
Defours (Adrien), Khenchela.
Derdour Ali Ben Hacheni, Douar-Chir.
De Redon (Mme), Mouzaïaville.
Diecht (François), Sidi-Embarek.

Domek (Pierre), Burdeau.
Domendji Ben Smain, Aïn-Mlilo.
Donnius (Ferdinand), Médéa.
Dubar (Veuve), Oued Marsa.
Durand (Henri), Chebli.
Du Vigneau, Beni-Amran.
El Baz Anania, Khenchela.
El Hadj Taïeb, Akbou.
Escaich, Pontéba.
Finc (Émile), Détrie.
Foulon (Baptiste), Ben-Chicao.
Fraiseau père et fils, Taher.
Guis (Alexandre), Parmentier.
Houbert (Antoine), Bréa.
Jouve et ses fils, Tlemcen.
Juan (Dominique), Mouzaïaville.
Mahmoudi (Brahim Benjamah), Oued-Athménia.
Marcelot (Gustave), Deligny.
Marciano (Aaron), Mascara.
Martin (Joseph), Alger.
Martin (Louis), Millesimo.
Martinez (Antoine), Tlemcen.
Mesclou (Émile), Lecourbe.
Mesclou (Lucien), Lecourbe.
Michel (Veuve), Boghni.
Mogenier (Émile), Deraïa.
Nadal (Baptiste), Marengo.
Nadal (Marius), Bourkika.
Noël (Gustave), Oued-Amizour.
Payrouse (Paulin), Loverdo.
Péan (Louis), Médéa.
Pelissié, Les Issers.
Perez (Veuve), Souk-Ahras.
Perrier (Hilaire), Taher.
Petit (Léopold), Gounod.
Pierron (Charles), Lavoisier.
Pourchet (Jérôme), La Barbinais.
Raynaud (Julien), Lamoricière.
Révillon (Léon), Descartes.
Roche (Alexis), Azazga.
Romanetti, Voltaire.
Sagay (Yonitob), Détrie.
Sahnouni Cherif, Bouzina.
Santucci (Étienne), Bréa.
Santucci (Joseph), Bréa.
Saprey (Joseph), Oued-Dadda.
Sarfati (Samuel), Sétif.
Segade (Léon), Bougie.
Sibuet (Laurent), Souk-Ahras.
Syndicat agricole de Rivet.
Tanzali (Ismaël), Bougie.
Tempier (Constant), Seddouk.
Teule, Souma.
Theus (Frédéric), Sidi-bel-Abbès.
Vaquer (Joseph), Tlemcen.
Zermati (Élie), Alger.

Tunisie.

Aleya el Amrouni, Gabès.
Bessis (Isaac), Carthage.
Boutboul (Joseph), Monastir.
Brussiau (Albert), Tunis.
Dubois Hadad, Tunis.
Guérin (Marius), Tunis.
Jacquemard (René), Sfax.
Lellouche frères, Tunis.
Lescar Abdelhamid, Sousse.
Lumbroso (Abramino), Sfax.
Mancuso (V.), Tunis.
Mohammed Nifar, Tunis.
Mohammed Sadok Anoun, Tunis.
Montessus (Henry de), Paris.
Simon (T.), Tunis.
Société d'épargne foncière, Sfax.

Indo-Chine.

Faucon, Lao-Kay.
Gilbert, Hung-Lao.
Nguyen-Dinh-Phat, Hanoï.
Passignat, Hanoï.
Toledano (Elicha), Paris.

Mentions honorables.

Algérie.

Azario (Émile), Boghni.
Belayadi Saïd (ben Mohammed), Sidi-Embareck.
Ben Simon et fils, Constantine.
Benguigui et Montoul, Tlemcen.
Berber (Mohammed), Tlemcen.
Bitgeli-Buget, Tizi-Ouzou.
Bitoun (Joseph), Boufarik.
Bouradi Hebboul, Belezma.
Bouradi (Mohammed), Douar-Markoumda.
Bouradi (Moktar), Douar-Markoumda.
Chaouch Chabane, Belezma.
Choulak (Ahmed), Bougie.
Conquy (René), Constantine.
Coutard (Louis), Taher.
Dendah (Amer ben Ali), Oued-Meriel.
Fages (Joseph), Desaix.
Fraineau, Alger.
Gaichet, El Achour.
Garnier (Honoré), Tizi-Ouzou.
Gassiot-Talabot, Sétif.
Gouzènes (Léon) et Cie, Bougie.
Halimi Kellaf, Oued Tagu.
Holden et Cox, Marengo.
Knecht (Martin), Azazga.
Ledoux (Louis), Alger.
Merazguia (Abdallah), Aïnel-el-Ksar.

Moll (Baptiste), Cax-Djinet.
Pain, Marengo.
Paliser, Dely-Ibrahim.
Peyrache (Aimé), Souk-Ahras.
Rebahi (Lakdar), Belezma.
Reis (Léon), Lamtar.
Reliaud (Louis), Sidi-bel-Abbès.
Rolland, Tipaza.
Rose (Amédée), Souk-Ahras.
Rouchaud (Joseph), Mouzaïaville.
Roux (Jean), Boghni.
Sacker (Abderrahmane), Belezma.
Sadeler (Jean), Clauzel.
Smael Ben Slimane, Mirabeau.
Théron (Henri), Tipaza.
Tihidousti Sidi Ben Yhra, Port-aux-Poules.
Vayret, Seddouk.
Verdi (Antoine), Souk-Ahras.

Tunisie.

Aïalah (Belhadj), Tunis.
Ammar (bel El Athma), Tozeur.
Bonnaud et Cornebois, Laghouan.
Chemla (Jacob), Tunis.
Enriquez (Gius du D.), Tunis.
Gozlan, Sfax.
Mohammed Ali ben Abderrahmane, Tozeur.
Moktar Djemel, Tunis.

Indo-Chine.

Gilbert, Hung-Hoa.
Robin et Bellan, Hanoï.
Villaren, Nghe-An.

CLASSE 116.

Chambres de commerce.

(Groupe XVII-B.)

Hors concours (Membres du Jury).

Gateclout (H.), Paris.
Hénon (Henri), Calais.

Grands prix.

Ministère du Commerce et de l'Industrie : Direction des affaires commerciales et industrielles.
Ministère du Commerce et de l'Industrie : Office national du Commerce extérieur.

Chambre de commerce de Boulogne-sur-Mer.
—   —   Calais.
—   —   Dunkerque.
—   —   Le Havre.
—   —   Lyon.
—   —   Marseille.
—   —   Nantes.
—   —   Paris.
—   —   Rouen.
—   —   Saint-Étienne.

Médailles d'or.

Chambre de commerce de Dieppe.
—   —   Fécamp.
—   —   La Rochelle.

Médailles d'argent.

Chambre de commerce d'Ajaccio.
—   —   Bastia.
—   —   Cambrai.
—   —   Honfleur.

CLASSE 122.

Institutions, œuvres et travaux pour le développement de la culture et de l'éducation physique des enfants, des jeunes gens et des adultes.

(Groupe XIX.)

Hors concours (Membre du Jury).

Rousseau (Paul), Paris.
Stephen (Paul), Paris.

**Hors concours
(par application de la Convention).**

Fédération française des Sociétés de Boxe, Paris.
Union des Sociétés de Tir de France, Paris.
Union Vélocipédique de France, Paris.

Grands prix.

Fédération gymnastique et sportive des Patronages de France, Paris.
Fédération des Sapeurs-pompiers français, Paris.
Stade français, Paris.
Touring-Club de France, Paris.
Union des Sociétés de gymnastique de France, Paris.
Union des Sociétés françaises de Sports Athlétiques, Paris.

Diplômes d'honneur.

La Bastidienne, Bordeaux.
Racing-club de France, Paris.
Saint-Hubert-club de France, Paris.
Union des Sociétés de préparation militaire de France, Paris.

Médailles d'or.

Club athlétique de la Société Générale, Paris.
Fédération française des sociétés d'aviron, Paris.
La Fraternelle, Reims.
Le Fusil de chasse, Paris.
Le Pistolet, Paris.
Société d'encouragement à l'Escrime, Paris.

Médailles d'argent.

Association fondatrice et fédérative des Sociétés de préparation au service des Armes à cheval, Paris.
Canoë-club de France, Paris.
Fédération des Compagnies d'arc de l'Ile-de-France, Paris.
L'Escadron de Saint-Georges, Paris.
Société mixte de tir de Remiremont, Remiremont (Vosges).

Médailles de bronze.

La Citoyenne nouzonnaise, Nouzon (Ardennes).
Le Faisceau, Paris.
Société centrale des Chasseurs, Paris.
Société : Les Armes de combat, Paris.
Société parisienne de Préparation militaire, Paris.

CLASSE 123.

Matériel et accessoires des jeux et sports.

(Groupe XIX.)

Hors concours (Membres du Jury).

Dans les raisons sociales, les noms de MM. les Jurés sont en italique et placés entre parenthèses.

Société française des munitions de chasse, de tir et de guerre (*Lucien Bienaimé*), Paris.
Vollant (Armand), Paris.

———

Bessand, Bigorne et Cie (*L. Bigorne*), Paris (Cl. 85).
Bessonnat et Cie (*L. Bessonnat*), Paris (Cl. 115-A).
Chanel et Cie (*Claude Chanel*), Paris (Cl. 115-A).

Grands prix.

Ciret et Cie (ancienne maison Maurel), Paris.

Diplômes d'honneur.

Gastinne-Renette, Paris.
Gavelle et Cie, Paris.

Médailles d'or.

Chotin (Gaston), Paris.
Desbonnet, Paris.
Leys et Mayer, Paris.

Médailles d'argent.

Enault (Robert), Paris.
Fano (Georges), Paris.
Pelletier et Monier, Paris.

Médaille de bronze.

Lacontrette, La Rochelle (Charente-Inférieure).

1er

CONCOURS TE   RAIRE

24-26 Juin 1

JURY

MM. le colonel PRAINE, *Président d'honneur* . . . . Angleterre.

VIGER, *Vice-Président d'honneur* . . . . France.

H. B. MAY, *Président* . . . . Angleterre.

CHATENAY (Abel), *Vice-Président* . . . . France.

CAYEUX . . . . France.

BUNYARD (G.) . . . . Angleterre.

CUTHBERSON (William) . . . . Angleterre.

GUILLOT (Pierre) . . . . France.

GREEN (John) . . . . Angleterre.

KACZKA . . . . France.

MILNARD . . . . France.

NOMBLOT . . . . France.

PAUL (Georges) . . . . Angleterre.

T.-R. RIVERS . . . . Angleterre.

1er Prix : Médailles d'Or.

Debrie (Édouard), à Paris. — *Décoration florale.*
Millet et fils, à Bourg-la-Reine (Seine). — *Fraises.*
Syndicat des Maraîchers de la Seine. — *Légumes.*

2e Prix : Médailles de Vermeil.

Maron et fils, à Brunoy (Seine-et-Oise). — *Orchidées.*

Omer-Decugis, à Paris. — *Pêches.*
Page, à Rueil (Seine-et-Oise). — *Œillets.*
Truffaut et fils, à Versailles (Seine-et-Oise). — *Anthurium.*

3e Prix : Médailles d'Argent.

Compoint, à Saint-Ouen (Seine). — *Asperges.*
Kaczka, à Paris. — *Fleurs coupées.*
Lagrange, à Oullins (Rhône). — *Nymphéas.*

2e

CONCOURS TEMPORAIRE

29 Septembre-3 Octobre 1908

JURY

MM. VACHEROT, *Président* . . . . France.
H. B. MAY, *Vice-Président* . . . . Angleterre.
E. BECKETT. . . . . Angleterre.
BIZET. . . . . France.
BONNET . . . . France.
DUVILLARD. . . . . France.
HUDSON (James). . . . . Angleterre.
LAING (Paul). . . . . Angleterre.
LE CLERC . . . . France.
MAHENT . . . . France.
MAROGER . . . . France.
POUPARD (William). . . . . Angleterre.
WALKER (James) . . . . Angleterre.
KACZKA, *Juré suppléant* . . . . France.

Grands Prix.

Comité Régional d'Exportation du Midi (Gard, Hérault, Vaucluse). — *Raisins.*
Société Régionale d'Horticulture de Montreuil. — *Fruits.*
Vilmorin, Andrieux et Cie, à Paris. - *Légumes.*

Diplômes d'Honneur.

Cayeux et Le Clerc, à Paris. — *Pommes de terre.*
Croux et fils, à Chatenay (Seine). — *Fruits.*
École d'Agriculture de Montpellier (Hérault). — *Raisins.*
Lecointe et Martin, à Louveciennes (Seine-et-Oise). — *Fruits.*
Maron et fils, à Brunoy (Seine-et-Oise). — *Orchidées.*
Nomblot-Bruneau, à Bourg-la-Reine (Seine). — *Fruits.*
Richter, à Montpellier (Hérault). — *Raisins.*
Syndicat des Maraîchers de la Seine. — *Légumes.*

Médailles d'Or.

Compoint, à Saint-Ouen (Seine). — *Asperges.*
Granel, à Aix (Bouches-du-Rhône). — *Raisins.*
Kaczka, à Paris. — *Fleurs coupées.*
Passy, à Chambourcy (Seine-et-Oise). — *Fruits.*

Médailles de Vermeil.

Chevillot, à Thomery (Seine-et-Marne). — *Raisins.*
Dupont, à Montreuil (Seine). — *Pêches.*
Férard, à Paris. — *Légumes.*
Leconte, à Bourg-la-Reine (Seine). — *Fruits.*
Millet et fils, à Bourg-la-Reine (Seine). — *Fraises.*

Médailles d'Argent.

Guichard.
Omer-Decugis, à Paris. — *Fruits.*

Médaille de Bronze.

Lubin.